AF283227

# TODOS ESTAMOS CONECTADOS

Domingo Arzúa Vázquez

TODOS ESTAMOS CONECTADOS

ISBN Libro en papel: 978-84-685-8987-9

ISBN eBook en pdf: 978-84-685-8988-6

Impreso en España

Editado por Bubok Publishing

Pueden adquirir el libro en la tienda online de bubok:

http://www.bubok.es/tienda-libros-bubok

# AGRADECIMIENTOS

Antes de nada, quisiera agradecer a mi amigo, D. José Luis Roca Aymar, que me animó a escribir este libro. Agradecerle también el haber escrito el prólogo, y por todos los consejos que me dio para llevarlo a buen término.

A mi amiga Piedad García Ortega, por ayudarme con la revisión de los manuscritos de este libro, y también a su marido Leandro, por sus consejos.

A mis hijos Elena y Javier, que me ayudaron a darle la forma que ven en sus manos.

También quiero agradecer a todas las personas con las que hablé y que me permitieron plasmar sus opiniones.

Gracias a todos por vuestra ayuda y apoyo, ya que, sin vosotros, nada de esto hubiese sido posible.

# INTRODUCCIÓN

Este libro es un homenaje a mi esposa María Elena Touriño Sóñara. Me gustaría que, con su lectura, puedan descubrir lo extraordinaria que fue como esposa, madre y abuela, sin olvidarme de su vida profesional como enfermera.

No pretendo hablar de su familia, ni de la mía. Me interesa contar solamente cosas de ella, para que, el que lea esto, pueda ver la humanidad que tenía con los demás, la paciencia que tenía (sobre todo conmigo) y lo valiente que era para afrontar cualquier desafío que se le pusiera por delante.

Digo esto porque al tener tanta familia y amigos, cualquier familiar o amigo que lea esto, podría decir, ¿cómo no me nombra a mí, si yo le ayudé? o yo hice esto o lo otro. Pero no se trata de contar la historia de su familia ni de la mía, pretendo centrarme solamente en Elena, es difícil, porque los demás siempre están ahí, y aunque intente apagar las luces de los que nos rodean, aparecen sus reflejos.

Por este motivo, les pido perdón de antemano y, también, que no se sientan mal, ya que lo que pretendo es contar cosas de ella, aunque a veces resulta imposible y tengo que incluir a otras personas, porque de otra manera nadie entendería nada.

Fue una casualidad que nos conociéramos, ya que yo no frecuentaba su círculo de amistades ni ella las mías. Elena tenía 16 años cuando la conocí, aquel verano de 1968. Fue como un flechazo para ambos, ya no nos separaríamos nunca. Fuimos muy felices siempre, a pesar de las adversidades de la vida que, de una forma u otra, a todos se nos presentan.

Trabajó incansablemente como enfermera y en numerosas ocasiones atendía a sus pacientes, incluso fuera de sus horas de trabajo, sin importarle que fuera festivo o a una hora intempestiva.

Tuvimos dos hijos, primero nació nuestra hija, María Elena y, posteriormente casi tres años más tarde, nuestro hijo Javier. Los atendió de pequeños con una ternura y un cariño de madre enormes. De mayores, hasta cuando estaban en la universidad, les hacía comidas caseras, que se las llevábamos a nuestra hija a Coruña y a nuestro hijo a Vigo. Ella me decía "es que para poder estudiar tienen que alimentarse bien y no olvidarse de sus raíces".

Hubo mucha alegría el día que nacieron nuestros nietos. Primero nació Héctor, hijo de María Elena y su esposo Edy. Después nació Alejandro, hijo de Javier y de Pili. Qué voy a decir yo, de como una abuela quiere a sus nietos, los abrazaba y los mimaba con una ternura de abuela increíble.

Cuando se jubiló, le detectaron un cáncer, (neoplasia inicialmente avanzada), que, a pesar de los esfuerzos realizados por los médicos y con tratamientos activos de quimioterapia, en menos de cuatro años tuvo un desenlace irreversible, en el hospital Naval de Ferrol el 27 de abril de 2022. Posteriormente, en febrero de 2023, sólo un par de meses antes de cumplir un año de su fallecimiento, recibí un mensaje de Elena, y en tres momentos diferentes logró comunicarse conmigo, acontecimientos que describo en este libro.

# PRÓLOGO

En esta vida el ser humano únicamente elige a su mujer y a un puñado de verdaderos amigos. Porque la familia e hijos nos vienen dados por muy queridos que sean.

Por tanto, el amor y la genuina amistad son tesoros que conservar, que iluminan la senda de la vida en la que como peregrinos nos encaminamos a nuestra Patria Celeste, la Vida Eterna.

Aquí estamos felizmente de paso. Somos Alma en un cuerpo con fecha de caducidad, mientras que nuestra Alma fue creada con vocación de eternidad.

A Domingo le conocí hace ya varias décadas en Madrid. Inicialmente fue en el plano profesional. Como las raíces de un árbol al borde de la acequia, fue creciendo nuestra amistad. No en vano había afinidades, por ejemplo, que Olguiña, mi mujer, era también gallega. Ella de las Rías Bajas, y Domingo de las Rías Altas. Yo me jactaba de que, aun siendo mallorquín, también era gallego consorte y con suerte¡! Doy fe.

Fue en septiembre del 2023, cuando en el porche de casa y en plena sobremesa nos contó su experiencia vivida con Elena a los dos años de su fallecimiento. Obviamente nos quedamos inicialmente perplejos. Según avanzaba su relato, emocionados e impactados. Le dije:

«*Domingo, tienes que hacer un libro porque con eso cumplirás un doble deseo, el de dedicar un homenaje a Elena y el de cumplir con el legado que te trasmitió telepáticamente. Mensaje del Amor de los Amores para hacer un mundo mejor, que bien hace falta. ¿Verdad?*»

La historia se inicia con el fallecimiento de Elena. La partida de un ser tan querido deja siempre una profunda tristeza, pero además una incógnita. Una puerta abierta a la incertidumbre, un abismo en el tiempo imposible de saltar.

Pero ¿realmente es imposible?

Para responder a esa pregunta quizás nos ayude leer este libro. Escrito de corazón a corazón. Lleno de toda una vida plenamente degustada por dos criaturas que estaban destinadas a compartir un proyecto en común.

De dos almas unidas en un "nosotros" desde la tierna juventud. Historia que discurre, fluidamente, como el agua que brota del manantial, a lo largo de 12 capítulos llenos de anécdotas y aconteceres de esta pareja de *galleguiños*.

Todo ello teniendo como telón de fondo la entrañable y mágica Galicia, con extensión a la vecina Portugal durante su luna de miel. Allí tuvo lugar un divertido acontecer.

Pero si tuviera que resumir el libro que tienes en tus manos, amable lector, diría:

"*Solo una vida vivida intensamente por los demás merece la pena ser en plenitud.*"

Y es así como, en este entretenido libro, narra su autor las emociones y sentimientos más bellos que el ser humano puede experimentar. Porque la esencia vital de toda criatura y el alimento de su alma brota del verdadero Amor.

José Luis Roca Aymar

# ÍNDICE

# CAPÍTULO 1

# UNA VIDA SIN ELENA

No fue fácil adaptarme a la vida sin Elena. Empecé arreglando la finca, ya que la había descuidado completamente. Algunos de los rosales que podaba Elena, se habían quedado secos y otras numerosas plantas también.

Recuerdo que ella me había dicho que, si quería llevarle flores al cementerio, que no le comprase un ramo, que le llevase de las que encontrara por el jardín. Así, le fui llevando una o dos flores que encontraba. Un día llevé unas cuantas, casi un ramo, también llevé la tijera de podar, con el fin de ir cortándoles el tallo a medida que las colocaba. Después les puse agua y me fui. Al poco de llegar a casa, me di cuenta que me había dejado la tijera en el cementerio. Volví a buscarla, pero ya no estaba. No pasa nada me dije, tengo por ahí alguna tijera más.

Al domingo siguiente, al volver al cementerio, me encontré con Ana y me dijo:

—El otro día encontré estas tijeras que te habías olvidado en el cementerio, seguro que son tuyas, las guardé para dártelas.

—Muchas gracias, sí, me quedaron aquí y ya las daba por perdidas

—Pues ya ves, aquí no se pierde nada

Empezamos a hablar y me dijo que le extrañaba que sólo llevase una o dos flores al cementerio, en vez de un ramo, como lleva todo el mundo. Le expliqué que a mi esposa no le gustaba que comprase flores, sino que le llevase flores de las que tuviésemos en nuestro jardín. Pero desgraciadamente y debido a que, por la enfermedad de mi esposa, no pude atenderlo, todo o casi todo está seco y la maleza fue ganándole terreno a las flores y apenas me quedan, sólo algunas que sobrevivieron. Le traigo, a lo mejor, un capullo de un rosal, o alguna otra flor que encuentro. Tengo que empezar a limpiar y plantar.

A partir de ese momento, Ana me trajo muchas plantas con raíz para plantar, también Rosario, Ricardina, Olga, así como otras personas de la parroquia de Piñeiro.

Después, como las noticias en los pueblos corren como la pólvora, aquí, en la parroquia de Esteiro, también me regalaron plantas de flores, empezando por Rosario Rodríguez, que me dio una barbaridad de plantas y no sólo una vez, sino varias veces, también Andrea, Mary, Fina, Pilar y muchas más.

Total, que durante varias semanas, no hice otra cosa que sacar maleza, remover la tierra, abonar y plantar de sol a sol. Ya no estaba acostumbrado a trabajar tanto.

Un día me dice Ana:

—El otro día Olga y yo te pusimos verde en el cementerio.

—Vaya, pues perdonad, será algo que habré dicho o hecho, pero no me doy cuenta, lo siento.

Ana se gira, me mira con cara de asombro, lleva las manos a la cintura, sacándolas a continuación y mostrando las palmas, me dice:

—Pero ¿a qué te refieres?, si te estoy diciendo que como sólo tenías un par de flores puestas, Olga y yo las adornamos con un poco de verde del nuestro, para que tus flores lucieran un poco más.

—¡Ah! te refieres al verde de las plantas...

# CAPÍTULO 2

# ALGO MAS ALLÁ QUE UN SUEÑO

A principios de febrero del año 2023 (Elena falleció en abril del 2022), estaba en un cobertizo donde tengo la leña, y había empezado a cortar con una sierra eléctrica unas tablitas, con el fin de arreglar una de las casitas para pájaros que, años atrás, mi nieto Héctor y yo habíamos construido, pero que, con la lluvia, se había estropeado.

En esto que veo de reojo un resplandor en el cielo, y me dije «¿qué fue eso?» Me quedé un momento parado, pero enseguida oí un trueno. Había sido un relámpago y se acercaba una tormenta. Por seguridad, desenchufé la sierra eléctrica, recogí lo que pude y me fui adentro de mi casa, corriendo entre las gotas gordas de agua que ya estaban cayendo.

Eran sobre las siete de la tarde. Me senté en un sillón y encendí la tele. Al poco rato, otro rayo, y otro, seguidos de los truenos cada vez más cercanos. Se apagó la tele una y otra vez, total, que la dejé apagada. También se fue la luz un par de veces y ahora ya llovía a cántaros y se había oscurecido todo.

Ante esta situación, me tomé un yogurt, me fui a mi habitación y me tumbé encima de la cama. Me quedé dormido y tuve un sueño. Pero, antes de contaros ese sueño, tengo que aclarar previamente unas cuantas cosas para entender un poco el sueño.

Los últimos años antes de jubilarme, trabajaba para el ICEX (Instituto Español de Comercio Exterior) y tenía que ir a las empresas que ellos me habían adjudicado para enseñarles a exportar. Tenía, con cada una de esas empresas, de forma individual dos o tres reuniones al mes, y así durante tres o cuatro años, hasta que ya se valieran por sí mismas para vender sus productos en otros países.

Trabajaba fuera de casa toda la semana, pero si el viernes al mediodía terminaba y estaba en Madrid o más cerca, me daba tiempo a llegar el viernes a la noche a Cedeira. Pero si estaba en zonas más alejadas de Galicia, muchas veces no me quedaba más remedio que hacer noche en el camino. Le llamaba a Elena y le decía «es muy tarde, estoy agotado y me está entrando el sueño». Me tengo quedado a dormir en Astorga, o donde me cuadrara.

Al día siguiente me levantaba temprano, y si Elena estaba de guardia en Cariño ese sábado, me iba directamente a Cariño y nos veíamos. Cuando llegaba, casi siempre me decía, «vete al supermercado», o «ya tengo la comida lista, sólo falta que frías unas patatas y hacer una ensalada», o cosas por el estilo.

En el sueño, me encontraba un sábado conduciendo el coche hacia Cariño, y cuando ya casi estaba llegando, me encontré que había mucha gente por la calle. Gente con carritos que empujaban a mano. Reduje muchísimo la velocidad e iba detrás de un hombre que iba tirando por un carrito de dos ruedas que llevaba cosas dentro.

Me quedé muy sorprendido, primero porque sabía que había algún que otro mercadillo en Cariño, aunque yo no había ido a ninguno, pero nunca había visto eso así, además la gente iba vestida igual que los marroquíes, las mujeres con pañuelos en la cabeza.

También me sorprendieron un poco las casas, ya que eran mucho más bajas, es decir de menos pisos. Además, estaban pintadas de color amarillento unas y de color ocre otras. No me encajaba nada todo aquello. Seguía circulando muy despacito, ya que el hombre del carrito no andaba más.

Miré por el espejo retrovisor y no había ningún coche, miré delante y tampoco. Entonces pensé que me había metido en una calle que hubieran cortado al tráfico para celebrar un mercadillo, seguro que habría una señal a la entrada, pero yo no la había visto. En las aceras había gente sentada en el suelo ofreciendo patatas, verduras, fruta y cosas así, pero no pegadas, estaban algo separadas unas de otras.

Estaba asombrado y seguía mirando todo lo que podía. En esto, la fila de casas que tenía a mi derecha dejó paso a un terreno vacío, no muy grande, más o menos del ancho de dos casitas y allí había como un mini mercadillo, con señoras sentadas en el suelo que ofrecían sus productos. Yo no veía lo que vendían, porque me quedaban un poco lejos y el coche quedaba un poco más bajo, pero veía los cuerpos sentados en el suelo de las vendedoras y unas seis u ocho personas de pie, que miraban hacia el suelo, para ver lo que comprar.

Al fijarme, veo a Elena de espaldas a mí y digo, pero si esa es Elena, y hasta se giró un poco, pero no me vio ya que estaba mirando al suelo. «¿Dónde aparco?, bueno pues lo dejo aquí mismo pegado a la acera y le digo a Elena que estoy aquí».

Cuál sería mi sorpresa que, al tocarle el hombro suavemente con las yemas de los dedos, se produjo un pequeño chispazo y el caso es que la figura de Elena se empezó a deshacer en bolitas muy pequeñitas que iban cayendo todas hacia el suelo, y en cuestión de unos segundos había desaparecido completamente.

Llevé tal susto que me desperté sobresaltado. Abrí los ojos y pude ver la luz del baño que estaba encendida y dejaba pasar una penumbra en la habitación.

Seguía sentado en la cama y dije «Elena, no te vas a creer lo que acabo de soñar, te lo voy a contar».

Comencé a contarle el sueño que acababa de tener y, después de un par de minutos, le digo, «pero Elena, ¿me escuchas, o tú también te quedaste dormida?».

Como no me respondía, giré la cabeza para ver si estaba dormida y, al mirar, veo que no había nadie. La cama estaba vacía, sólo estaba yo.

Vaya, cómo iba a estar, si hace casi un año que había fallecido. Qué cosas me pasan. Me levanté, me saqué la ropa para acostarme y apagué la luz del baño.

La tormenta aún se oía, pero a lo lejos, miré por la ventana y estaba lloviendo.

Me dormí, pero esta vez de verdad y cuando desperté, vi que aún no eran las seis de la mañana.

Fui al baño y me dije «es muy pronto, voy a quedarme un poco más en la cama». Me pregunté por qué me desperté tan temprano y me dije, «ay, ya sé, es que ayer me fui a la cama muy pronto y después tuve aquel sueño tan raro, pero después me dormí, no me acuerdo de qué hora era, pero era temprano».

«Voy a echarme así un poco en la cama y leer el periódico de ayer, ya que, con los apagones de luz, apenas le eché un vistazo». Me puse a leer con la luz de la habitación encendida y un par de cojines en la espalda.

A las seis y treinta minutos en punto de la mañana, sonó un golpe fuertísimo, que me hizo saltar de la cama y ponerme de pie. Solté el periódico que estaba leyendo y quedó encima de la cama un poco deshojado. El golpe provenía de atrás del cabecero de mi cama.

Detrás del cabecero de mi cama hay un vestidor con ropa colgada y unos cuántos cajones con ropa también, además de estantes abiertos.

Para hacerse una idea, está la pared donde está sujeto el cabecero de la cama, después hay una mesilla de noche y, a continuación, está la puerta de entrada al vestidor. La puerta del vestidor está prácticamente siempre abierta, día y noche. Si miramos desde la habitación hacia la puerta del vestidor, vemos que hay seis estantes de madera que casi están vacíos, apenas tienen nada.

En el primer estante, que es el que está cerca del suelo, hay unas cajas de zapatos. En el suelo, delante de ese estante, hay unas zapatillas, los zapatos que uso todos los días y otro par de zapatos más. En el segundo estante hay unos pantalones viejos y camisas que uso para cortar la hierba. En el tercer estante hay cuatro cartuchos de tinta para la impresora del ordenador. En el cuarto estante hay cuatro jerséis.

En el quinto estante hay un par de calcetines de lana, que eran de Elena. Están los dos calcetines, uno encima de otro y de punta, separados del borde unos seis o siete centímetros. Este estante está a un metro y setenta centímetros del suelo. Estos calcetines son la clave de este asunto, ya que, tras el ruido ese tan tremendo, uno de los calcetines salió volando y fue a caer encima de mis zapatos. El otro calcetín no se movió para nada.

En el sexto estante, y último, hay una colcha de cama en su funda.

El ruido que vino del vestidor que está detrás del cabecero de la cama, fue un ruido muy fuerte, como el que pudiera dar una persona muy grande con la palma de la mano abierta y dando con toda su fuerza contra un tablero de madera apoyado en unos caballetes.

La puerta del vestidor estaba abierta, como siempre. No había nada roto ni nada fuera de lugar, salvo que uno de los dos calcetines salió volando y cayó, justo, y bien colocado, encima de mis zapatos de uso diario.

Lo curioso es que en ese estante estaban los dos calcetines de Elena, uno encima del otro y separados del borde unos seis o siete centímetros, sólo uno fue el que salió despedido, y fue a caer justamente encima de mis zapatos sin que el otro calcetín se moviera ni un milímetro. Por otro lado, un calcetín de lana por mucho que lo tires o lo lances, no hace ningún ruido al caer.

Estos calcetines tienen su historia y os la voy a contar. La que es ahora mi habitación fue siempre la habitación de mi esposa Elena y la mía. En ese vestidor estaba toda la ropa de Elena y la mía. Días después del fallecimiento de Elena, mi hija aún no había tenido tiempo de hacer una selección de la ropa y me dijo, «déjala quedar, que cuando venga en verano veo lo que me quedo yo, y el resto lo donamos».

Pero yo, cada vez que entraba en el vestidor y veía allí sus vestidos, me entraba algo así por el cuerpo y me decía, «qué pena que se haya ido, cuánto lo siento». Pero un día que estaba Loli, que es la chica que viene a hacer las labores de la casa, le dije:

—Mira Loli, podrías cambiar todos estos vestidos para el armario de esta otra habitación de aquí, y cuándo venga mi hija lo ve igual en un sitio que en otro. Y si ves algo estropeado o roto me lo dices y ya te digo si se tira o no.

Me trajo ese par de calcetines y me dice:

—Estos calcetines ya están gastados y hasta algo rotos por aquí ¿tiro con ellos?

—No, no, por favor, no los tires —le dije— esto es precisamente lo que quiero que se quede allí en el vestidor. Trae, que los voy a poner yo donde pueda verlos todos los días cuando entre en la habitación.

Por eso los puse en el quinto estante, que es donde me quedan a la altura de la vista. Porque esos calcetines le encantaban a Elena.

Es que un día que estábamos sentados en el salón, salió disparada al baño. Al volver le dije:

—Elena, ¿no sería mejor que salieras con las zapatillas puestas en vez de ir descalza al baño?

—No, no puedo, porque el tumor que tengo, a medida que crece, me aprieta la vejiga de la orina y si me paro a ponerme las zapatillas...

—Es que cuando iba en el coche, oí por la radio, en Onda Cero, hablar a Josemi, decía que él, en su casa, no usa zapatillas, usa unos calcetines de lana gruesos que tienen como unos puntitos de silicona por la parte donde se apoya contra el suelo y, por lo visto, son muy cómodos.

—No sé no conozco eso. Vamos a ver si lo vemos en internet, aunque aquí el internet funciona cuando le cuadra, ya que apenas hay cobertura, pero vamos a intentarlo.

Lo intentamos y conseguimos localizar los calcetines y comprar un par de pares.

Después me decía «oye, qué geniales. Además, tengo los pies calentitos. Gracias Domingo, ya veo que piensas en mi hasta cuándo vas conduciendo».

Cuando pasó esto del calcetín, me di cuenta al momento de que ese ruido tan fuerte e inexplicable, además del calcetín sobre mis zapatos, era la señal que yo le había pedido a Elena que me hiciera para decirme que estaba bien. No tenía ni la más mínima duda.

Además de eso, la tormenta, el sueño tan extraño que tuve, el irse la luz para que me fuera pronto a la cama y así estar despierto a las seis y media de la mañana. Todo ese conjunto de circunstancias, estoy convencido de que están enlazadas.

Ese día no salí de casa, estuve pensando como decirle a Elena que había recibido su mensaje, a la vez que darle las gracias.

Me repetía a mí mismo lo tonto que había sido por no decirle algo en el momento que pasó lo del calcetín. Pero, por otro lado, es que en ese momento quedé obnubilado y no sería capaz de decirle nada.

# CAPÍTULO 3

# CONVERSACIONES CON ELENA EN EL MÁS ALLÁ

Me armé de valor y, después de recapacitar casi todo el día, a las ocho de la tarde me tumbé en la cama, con un par de cojines en la espalda. Quiero recordar que Elena falleció en abril de 2022 y ahora estábamos en febrero de 2023, un par de meses antes de cumplirse un año de su fallecimiento.

Le dije «gracias, Elena, recibí tu mensaje. Yo lo que quiero es estar contigo. Te quiero».

Después le hablé de las flores que me habían regalado los vecinos, las que había plantado, pues ya estaba naciendo alguna flor nueva. Y ya llevé alguna al cementerio.

—¿Te gustan? —le pregunté.

No había contestación alguna. Quedé callado un buen rato.

Después de pasar unos veinte minutos, de repente empecé a recibir en mi cabeza un mensaje que decía así:

—Domingo, imagínate que tus padres desde que naciste fueran guardando en sacos el cordón umbilical, el pelo que te cortan, los dientes que te caen, la ropa que usaste, pero que ya no te sirve o está rota, las uñas que te cortan, en fin, todo aquello que sea tuyo. Si cuándo fueras mayor, te entregaran todos esos sacos y te dijeran: «todo esto es tuyo, haz lo que quieras con él». ¿Tú qué harías? ¿le llevarías flores?

Yo no contesté nada, por un lado, porque estaba un poco asustado y, por otro, porque no sabía ni que decir. Hubo un silencio.

Después continuó:

—Los cementerios están bien como están, es donde reposan los restos de las personas que anduvieron por ese lado, las gabardinas como yo les llamo. Esas gabardinas ya nunca las vamos a utilizar otra vez. En los cementerios no hay almas, sólo son las gabardinas y, para alguien que esté en este otro lado, tanto le da que su gabardina esté en el fondo del mar, en la cuneta de una carretera o ahí en el cementerio. No le afecta para nada.

—Las flores, como tradición, y si a ti te gusta, están bien, pero sólo para vuestro consuelo. Para alguien que esté en este lado no le hacen nada. Le hace muchísimo mejor rezarle un padrenuestro o una avemaría que el mejor ramo que puedas llevar. Porque una oración, cualquiera que sea, le da energía y eso es bueno, en cambio las flores no aportan nada. Si un día quieres comprarme un gran ramo de flores, no lo hagas. Dale ese dinero a alguien que lo necesite, ya que a lo mejor puede comer él y su familia un día y eso sí que aporta energía.

Yo, en todo este rato estuve calladito, sin decir ni pío, pero le dije:

—Elena, pero ¿es posible que me estés hablando a mí?

Y me contestó:

—Sí Domingo, soy yo. Les he pedido que me permitieran comunicarme contigo, que me dejasen decirte algunas cosas, con el fin de que tú puedas llegar a estar en mi nivel. Lo he hecho por amor, porque yo también te quiero. No sé si lo conseguirás, yo te animo a ello, pero no va a ser fácil. Me han concedido tres veces para ponerme en comunicación contigo y de tiempo muy limitado. No sería posible para ti estar más tiempo, ya que, de lo contrario, podrías tener un serio problema de salud. Te voy a explicar un poco. Cuando pasamos a este otro lado, llevamos dos cosas, el alma y el conocimiento. Aquí, en este lado, no hay nada, pero absolutamente nada, nada de nada. Sólo hay energía, si tienes energía estás bien, si tienes poca energía o nada, estás mal o muy mal.

—Yo, lo que quiero cuando vaya a ese otro lado, es estar contigo —le dije.

—Y a mí también me gustaría estar contigo, es por ese motivo el que les pedí permiso para ponerme en contacto contigo, pero es muy difícil que lo consigas. Es que aquí estamos en distintos niveles. Te lo voy a enseñar.

Al momento veo delante de mis ojos varias líneas horizontales, separadas un centímetro, más o menos, unas de otras. Esas líneas no estaban dentro de un rectángulo, no, simplemente estaban delante de mí y abarcaban todo mi campo de visión. Entonces apareció un color naranja entre dos de estas líneas, es decir uno de esos centímetros se puso de color naranja de izquierda a derecha.

—Este es el nivel donde estoy yo ¿lo ves?

—Sí, lo veo —contesté.

—Pues hacia abajo hay muchos niveles más, te los muestro.

Entonces, las líneas empezaron a desplazarse hacia arriba, primero poco a poco, a la vez que iban coloreándose de naranja, pero cada vez un poco más oscuro. Eso empezó a coger velocidad y pasaron de los naranjas a una especie de marrón, cada vez ligeramente más oscuro, y cada vez a mayor velocidad, ya apenas distinguía las líneas, ya que entre la velocidad y que el color se iba oscureciendo, llegó un momento en el que solamente veía un gris oscuro casi negro y, después, negro de todo.

Tuve que taparme los ojos con las manos, ya que ese negro tan intenso me lastimaba la vista, y acabé tapándome los ojos con el brazo derecho. Entonces se paró, y ya sólo se volvían a ver las líneas y el naranja del principio.

—¿Lo viste? —me dijo.

—Sí, lo vi.

—Pues bien, ahora te voy a mostrar hacia arriba los muchísimos niveles que hay.

Volví a mirar al centro y empezaron a bajar las líneas, primero despacio, yo veía el naranja y más naranjas, pero ligeramente cada vez más claritos, después amarillos, pero todo cada vez más rápido, rápido, rápido, pasaban cientos de líneas, vi colores crema, blancos, blancos resplandecientes, blanco brillante, muy brillante, tanto, que era peor que tener un foco delante de los ojos.

Primero me tapé los ojos con un brazo, pero era tal la intensidad, que tuve que poner el otro brazo también encima, porque me quemaba los ojos. Entonces se paró y volvió al color naranja del principio.

Me empezaron a llorar los ojos y me dolían un poco. Me vino a la memoria que una vez, de pequeño, estuve viendo como un trabajador soldaba una pieza de hierro, y yo estuve mirando como lo hacía. Después estuve varias horas con la vista mal, no podía ver y me lloraban los ojos. Mi madre me había reñido por mirar a la soldadura y me puso un trapo con agua fría sobre los ojos. Pues esa fue la misma sensación que tuve ahora.

No me percaté en ese momento, pero después, recordando lo que había visto, me pareció que la parte de abajo más oscura llegaba hasta donde abarcaba mi campo de visión, pero, en cambio, la parte de arriba de los niveles más claros no llegaba tan lejos, es como si fuera un cono o como si tuviera forma piramidal. Esto no lo puedo asegurar al cien por cien, porque ya estaba un poco deslumbrado y no estoy seguro. En realidad, cuándo lo vi me pareció que todo era de extremo a extremo, pero, en cambio, al recordarlo, lo veo más estrecho en la parte de arriba, pero no lo sé con certeza.

—¿Lo has visto? Ya ves la cantidad de niveles que hay. El problema es que tú tienes poca energía y muy poco tiempo, por eso es muy difícil que podamos estar juntos.

—Claro, tú tienes mucha energía porque fuiste una persona muy buena en esta vida —le dije.

—No, no. Aquí, cuando llegas, se ve toda tu vida en ese lado y los errores cometidos. Yo cometí muchos errores. Lo que hice por mi trabajo no cuenta, ya que por eso me han pagado un salario normal. Sólo cuenta lo que hice fuera de mi trabajo, lo que ayudé a los demás, pero los errores que cometí me quitan energía. Entonces, al final, sólo tenía un poco de energía, pero Dios, que es muy bueno y bondadoso, que ni te puedes tu imaginar qué bueno y bondadoso es, me dio el resto de energía que necesitaba para estar en el nivel en el que estoy, por el sufrimiento que yo he tenido con mi enfermedad y por todo el tiempo que pasé con ese sufrimiento. (Esto es importante que lo sepan las personas que sufren, pues serán recompensadas). En tu caso, lo que tienes que hacer es conseguir energía, para cuando pases a este lado.

Yo le pregunté:

—Y ¿cómo hago para conseguir energía?

—Pues en la Iglesia.

—Ya voy a misa los domingos.

—Sí, pero eso no es suficiente, dime ¿qué hay en la Iglesia que da energía?

—Pues las campanas —le dije.

—Por favor, por qué no piensas las cosas antes de responder. Es que no te das cuenta de la tontería que acabas de decir. A ver, en misa, ¿qué es lo que da energía?

—Las velas.

—¿Será posible que me contestes sin pensar siquiera un poco?

Hubo un momento de silencio y después dije:

—La Eucaristía.

—Sí...Sí...Sí... por fin contestas pensando. La comunión es el mejor camino. Con la comunión resucita Jesucristo y se instala en tu cuerpo. Si vas a misa, tienes que comulgar, porque con la comunión obtienes dos cosas:

»1. El que comulga, está demostrando que tiene Fe en Dios y lo demuestra. Estás demostrando que crees en Jesucristo, que fue a la tierra para salvarnos y murió por nosotros. Si haces esto serás admitido.

»2. Obtienes energía para este otro lado.”

Y siguió diciendo:

—Entonces, no solamente hay que creer en Dios, sino que tienes que demostrar que tienes Fe en Él, y la mejor demostración es ir a comulgar cuándo vayas a misa. Con eso obtendrás energía. Pero aún con eso sólo, no te va a llegar, para estar en el nivel que estoy yo, porque ya te dije, que a ti te queda poco tiempo.

»Pero también hay otras maneras de obtener energía. Tienes que ayudar a los demás. No hace falta que vayas muy lejos, mira a tu alrededor, seguramente algún vecino necesita tu ayuda. No siempre se trata de dar una ayuda económica, que también, pero a veces, lo que necesita la gente es consuelo, porque tiene algún problema, o necesita que lo lleves al supermercado o al hospital, porque él no tiene coche, o no puede conducir, y tú sí.

»Actúa en defensa de los más débiles. Ten equidad y compasión. Ten un corazón bondadoso y nutre tu ser con amor hacia los demás. Esto te favorecerá en el crecimiento personal y consecuentemente conseguirás energía. Preocúpate por los demás y trata de hacer un mundo mejor y cualquier cosa, por pequeña que sea, te dará energía.

»También la oración por los que estamos aquí tiene dos ventajas, ya que te da energía a ti y también a nosotros. No os dais cuenta de la cantidad de cosas que podríais hacer desde ahí por los que estamos aquí. Dedícale cinco minutos diarios de tu tiempo a esa tarea. Cada cosa que le pidas a Dios, si es razonable, te la concede de una forma u otra, pero tú también debes de sacrificarte un poco.

»Dios nos concedió a todos y a cada uno de los que estamos aquí, una parte de su energía y, por eso, nosotros ya formamos parte de Dios. Ahí, en esa tierra donde yo estuve y tú estás ahora, Dios nos ha dado y nos da la libertad y la capacidad de elegir entre hacer el bien o hacer el mal. Dios os inspira a hacer el bien y a distinguirlo del mal, pero tenéis la libertad de elegir. Además de eso, Dios es tan sumamente bueno y bondadoso que te da la oportunidad de que, si cometes el error de hacer el mal en un momento determinado, puedas rectificar pidiendo perdón a Dios y, por supuesto, tienes que tratar de remediar en lo posible ese mal que has hecho. Si lo haces así, Dios, ten por seguro, que te perdona siempre.

»También Dios, a todo aquel que sufre, sea por una enfermedad, una catástrofe, sea natural o provocada, o por daños y sufrimientos que le causen otras personas o cosas, todas esas circunstancias que le vengan sobrevenidas, sin que esa persona tenga culpa, todo eso le será recompensado con creces por Dios aquí en este otro lado, tal y como hizo conmigo dándome un poco de su propia energía, en compensación por el tiempo y sufrimiento que yo tuve con mi enfermedad.

Hubo una pausa...Entonces le pregunté:

—Con todo esto que me estás diciendo, ¿me estás dando a entender que la religión católica es la verdadera?

—Sí, por supuesto, aunque aquí también hay almas de otras religiones que están entre nosotros. Cuando llegan aquí reconocen a Dios como el suyo y Dios los admite, porque Dios sólo hay uno y a Dios no le importa el nombre por el que le llamen, sólo le importa si han creído en Él y el bien que hayan hecho esas personas por los demás.

»A ti, Domingo, por favor, ni se te ocurra cambiar de religión. Tu eres católico. Aquí la gran mayoría son católicos, sólo unos pocos son de otras religiones, a los que Dios ha visto que eran personas justas, que se preocuparon y ayudaron a otros, en los momentos difíciles y Dios los acoge en su casa y al llegar aquí se fusionan con nosotros y reconocen a Dios como su Dios.

»Otra cosa importantísima, es que aquí, los ateos que han renegado de Dios no tienen cabida. Dios dice: «si él mismo me rechaza, como voy a admitirlo aquí a mi lado». Todos nosotros estamos de acuerdo con eso. El caso es que ellos, al llegar aquí se dan cuenta del error que han cometido, pero ya no hay nada que puedan hacer.

»Por otro lado, ten mucho cuidado con los errores que cometas, ya que hay que pagar con energía por los errores cometidos y por las consecuencias que han tenido esos errores. A veces, las consecuencias de un error son muchísimo mayores, que el propio error.

»También ten muchísimo cuidado, pero muchísimo, con el ODIO. El odio es algo terrible, no odies a nadie, ni siquiera al que te hace daño a ti o a alguna persona allegada a ti. Y, por supuesto, no intentes vengarte de esa persona, porque tú no eres quién para juzgar a nadie. Vive sin rencor. Las personas capaces de perdonar son las predilectas de Dios. Muchas personas ahí hacen pequeñas venganzas a otras, por el simple hecho de que no le gustan, le caen mal o han hecho algo que no les ha gustado. Eso no se puede hacer de ninguna manera. Hay que devolver bien por mal. Hay que hacer lo que Dios quiere y querer lo que Dios hace. Si esa persona no te gusta cómo actúa, trata de hacerla mejor, pero si ves que no puedes, no le hagas daño ninguno, simplemente apártate de ella.

—Ahora te voy a hablar del CONOCIMIENTO o conciencia. Esto no es el cerebro. El cerebro es el que se conecta y se nutre del conocimiento. El que nos dejen traer a este otro lado todo el conocimiento que hemos adquirido es muy importante. El cerebro, cuando pasamos a este otro lado, se queda ahí con el resto del cuerpo.

»El conocimiento es algo único, autónomo e intrínsicamente ligado, y dentro de él está el AMOR. El conocimiento viene a la vez que el espíritu a este otro lado. El amor forma parte del conocimiento, por eso el amor no se olvida, y, en este otro lado, es una de las cosas más importantes.

»No sé si te estoy confundiendo, pero te aclaro. Cuando se viene a este otro lado, solamente viene el alma, que es el espíritu, y el conocimiento o conciencia y, dentro de ese conocimiento, está el amor. Ahora mismo, aquí en este lado, está mi alma, que es mi espíritu, y todo el conocimiento que yo adquirí desde que comencé a vivir, y, si amé, ese amor va implícito dentro del conocimiento, esto es lo que perdura y será inmortal.

»Aquí, en este otro lado, sigo alimentando el conocimiento con lo que yo pueda aprender aquí. El resto, incluido el cerebro, el corazón, y demás órganos y elementos del cuerpo, son los que se quedan en ese lado, donde se convertirán en polvo, hasta desaparecer.

»El amor no se olvida. El pasar a este otro lado no detiene el amor. Tanto tú como yo, en este momento, estamos aquí conectados por ese motivo, pero ya ves que no es fácil mantener este contacto. No creas que no me doy cuenta de lo agotador que es para ti.

»Con el conocimiento yo puedo recrear aquí cualquier momento de mi vida, la que tuve en ese lado, pero no en forma de recuerdo como hacíamos ahí. Alguna vez hemos dicho «¿te acuerdas cuando los niños eran pequeños y fuimos a este sitio?» y tú decías unas cosas que recordabas y yo decía otras, pero había muchas lagunas e imprecisiones, porque parte de esos recuerdos se borraban.

»En cambio, yo aquí puedo repetir exactamente todo lo que pasó, viéndolo, oyéndolo e interactuando. Contemplar como volaba un pájaro o si el perro ladraba. Puedo también tocar la arena de la playa o el agua del mar, exactamente como lo hice en aquel momento. Es decir, puedo volver a vivir ese momento de nuevo ¡ES FANTÁSTICO! Eso me da la oportunidad de estar con vosotros de nuevo. Y puedo hacerlo porque eso está guardado para siempre dentro del conocimiento y puedo volverlo a hacer realidad cuándo yo quiera y las veces que quiera.

»También aquí sigo aprendiendo, porque no se nos trasmite todo el conocimiento de golpe. Me voy enterando y preguntando para ir teniendo el conocimiento de las cosas. Aún hay muchas cosas que no conozco o no entiendo. Pero aquí no hay que aprenderlo, todo queda grabado en el conocimiento al momento, a una velocidad increíble, y ya no se borra. Hay tantas y tantas cosas que saber, que no doy saciada mi curiosidad. Me causa satisfacción el conocer el porqué de las cosas.

»Como ya te dije, aquí no hay nada. Sólo hay la energía infinita de Dios y la energía que se nos ha dado a cada uno de nosotros.

Esta frase, de «aquí no hay nada, absolutamente nada, sólo hay energía», me la repitió una y otra vez y muchas veces. Para decirme también «consigue energía ahí y ven cargado de energía a este otro lado, ya te dije la forma de hacerlo, ayuda a los demás y haz un mundo mejor, todas las almas que hay aquí son buenas y estamos todos conectados y unidos».

# CAPÍTULO 4

# CÓMO LA CONOCÍ

Transcurría el mes de julio de 1968, y le comenté a mis padres que me iba a acercar a Cobas, con el fin de hablar con Adela Castro.

En esa época yo vivía en Narón en casa de mis padres, y no era la primera vez que yo iba a ver a Adela, ya que ambos estábamos estudiando aparejadores (arquitecto técnico) en Burgos. Nuestras familias eran muy amigas y coincidían en que, en vez de viajar cada uno por su lado, nos pusiéramos de acuerdo y viajásemos juntos.

Para el que no conozca esta zona, quiero aclarar que Cobas pertenece al ayuntamiento de Ferrol (A Coruña) y que Narón es un municipio colindante con Ferrol. Estamos hablando de distancias muy cortas, poco más de media hora en coche.

Cuando llegué a casa de Adela, su padre Hipólito, estaba de pie, allí, a la entrada de la casa hablando con otro señor. La puerta de la casa estaba abierta y se veía bastante gente en su interior. Esto era normal, ya que esa parte de la casa estaba dedicada al comercio, vendían de todo, desde zapatos a joyas o muebles, te podían montar una casa entera, lista para vivir, con porcelana y cubertería incluida.

Hipólito, al verme llegar, me dijo:

—Hola, mira, es mejor que entres por la parte de atrás de la casa, porque Adelita anda por ahí.

—¡Ah! ¡Gracias! —le contesté.

Entré por detrás y pasé a una habitación donde había un tresillo y una mesita a modo de sala de estar. No vi a nadie, pero al alzar la vista, allí al fondo a la derecha, al lado de la puerta de la cocina había una chica de pie y le pregunté:

—¿Está por aquí Adela?

—Sí —me dice— acaba de salir un momento, pero va a regresar enseguida.

—Gracias —le contesté.

Me llamó la atención esa chica joven, con una melena de color negro azabache, que se deslizaba por ambos lados de su cara. El sol, que entraba por la ventana, le acariciaba una parte de la melena, haciéndola brillar acompasando los movimientos de su cabeza. Su vestido era sutil, de un estampado azul claro, precioso, y le llegaba un poco más arriba de sus rodillas.

Transcurridos unos segundos de silencio, le pregunté:

—¿Y tú quién eres?

—Yo, yo —me dice— soy la prima de Adela, bueno en realidad su madre y mi madre son primas.

—¿Y vives en esta casa?

—No, yo estoy pasando el verano aquí con mis padres, en una casa que hay un poco más abajo, pero vivir, vivimos en Ferrol.

—¿Y cómo te llamas?

—Me llamo María Elena, pero todos me llaman Marilé.

—¡Oh! ¿por qué te llaman Marilé, con el nombre tan bonito que tienes?

Y antes de que pudiera responder, le dije:

—Yo te voy a llamar María Elena, o, en todo caso, para abreviar te llamaré Elena.

—¿Y tú? —hizo un gesto con la cabeza— ¿quién eres?

—Yo soy Domingo Arzúa, pero todos me llaman Domingo, excepto Adela y su padre, que me llaman Arzúa, por el apellido.

A todo esto, yo no podía dejar de mirarla y ella también me miraba a mí. Pero en cuanto nos cruzábamos la mirada, ella bajaba la vista al suelo. En ese momento no sabía si era por timidez, o si es que había algo allí en el suelo que yo no veía.

Entonces, utilizando la técnica que utilizan las fieras salvajes para cazar, que es acercarse a su presa, sin que estas las vean caminar, me puse a mover los pies sin mover el cuerpo y, a continuación, mover el cuerpo sin mover los pies. Así fui avanzando hasta acercarme más a ella, hasta ponerme a su altura.

En ese momento me di cuenta de que en el suelo no había nada, solamente sus tenis blancos, sin una sola mancha.

—¿Tienes unos tenis nuevos? le pregunté.

—No, hace tiempo que los tengo.

—Es que como los tienes tan blanquitos, pensé que eran nuevos.

—No, es que los uso para ir a la playa y en cuánto se manchan, los lavo y listo.

—Pues yo tengo unos tenis azules que me compró mi madre el año pasado y ahora mismo no se sabe de qué color son, más bien parece que son de color marrón.

Movió ligeramente la cabeza y dejó deslizar una leve sonrisa, acompañada de una rápida mirada que se cruzó con la mía.

Adela tardó más tiempo del previsto en volver, y ese tiempo lo aprovechamos con preguntas cortas acompañadas de miradas intensas y profundas, que, si llega a estar allí el inventor de la máquina de rayos X, habría mejorado muchísimo su invento. Ese fue nuestro primer encuentro.

Cuando regresó Adela, me dice:

—Ya me dijo mi padre que andabas por aquí ¿os conocéis? Venga, os presento. Esta es mi prima Lelé, Lelé este es Arzúa.

—Pero que Lelé, ni que nada, que se llama María Elena —le dije.

—Bueno, pero todos le llaman Marilé y yo le llamo Lelé.

Le pregunté a Adela:

—¿Ya tienes pensado el día que nos vamos a ir a Burgos?

—Pero ¡qué prisa tienes!, aún falta mucho tiempo y yo aún no he decidido nada, porque aún tengo muchas cosas que hacer aquí.

—Pero Adela, a mí me interesa llegar unos días antes y no el día que empiezan las clases.

—Y a mí también —me dice.

En esto que llega Hipólito, nos ve hablando y que su hija aún no tenía las ideas claras y me dice:

—Mira ¿por qué no vienes el domingo? que van a hacer unas empanadas y vamos a ir a comer todos a la playa.

—Vale, pues vengo el domingo —le dije.

Ese domingo fuimos andando todos a la playa, y cuando digo todos, es que éramos muchos más de los que yo me había imaginado. Entre estas personas estaba Lita, la madre de Adela, su hermano Polo, Hipólito, Elena y otra serie de personas que a algunas las conocía de vista y otras que no conocía y no había visto nunca. No sé cuántos éramos, pero yo creo que más de una docena de personas. La comida y la bebida la habían repartido en paquetes y todos llevábamos algo en las manos.

Nos dimos un chapuzón al llegar y, como de costumbre, estaba el agua helada. Salí y vi como Elena se metía poco a poco en el agua y entonces fui a por una toalla, la llevé hasta la orilla y, cuándo Elena salió del agua, se la puse sobre los hombros.

—Gracias —me dijo— está muy fría el agua ¿verdad?

—No, ¡qué va! —le dije— no está fría.

Giró la cabeza, me miró con cara de extrañeza y le dije:

—Fría no ¡está helada!

Hizo un gesto y me dijo:

—Aquí, en la playa de Ponzos, siempre está fría el agua ¿y tú no te secas?

—No —le dije— ya estoy casi seco y con este aire que corre ya me seco.

Lo que ocurría realmente es que la toalla que le puse sobre los hombros era la única que había traído, y no era cuestión de quitársela. Parece que ya estaba empezando a bajar la marea.

Las personas más mayores ya habían empezado a sentarse para la comida. Yo estaba esperando a ver dónde se sentaba Elena, para ponerme a su lado, pero en esto que Hipólito me dice:

—¡Arzúa! siéntate aquí, que tienes un sitio.

Y yo le digo:

—Sí, no te preocupes, que a mí me vale cualquier lugar, pero antes voy a cambiar de sitio estas bebidas, sino en cualquier momento les va a dar el sol.

Mientras cambiaba de sitio las botellas, aproveché para mirar por el rabillo del ojo y ver dónde se sentaba Elena, para salir disparado para ponerme a su lado, haciéndome el despistado.

Las empanadas estaban deliciosas, no sé cómo eran capaces de hacerlas con esa masa tan delgadita y sabrosa. Había varios tipos de empanadas, pero la de xoubas (parrochas o sardinillas) era deliciosa. Después venía Adela y me decía:

—Pero ¿probaste las croquetas... la ensaladilla... lo otro?

Yo había probado creo que casi de todo y ya no me quedaba sitio.

—Gracias, Adela, pero es que es mucho lo que hay y he comido más que de sobra, y aunque el mar abre el apetito, ya es suficiente. ¡Qué bien nos vendría una empanada de estas en Burgos!

—No te preocupes que he de llevar una —me dice así bajito.

De las bebidas, se acabó la gaseosa, uno de los que estaban allí se dio cuenta y rellenó una botella de gaseosa con agua de mar. El grupito de los que nos dimos cuenta nos reíamos así por lo bajo, impacientes y esperando a ver qué pasaba. Había allí un señor que estaba bebiendo mucho vino, y su mujer le decía que no bebiera más y él le decía:

—Pero ¿qué voy a hacer si tengo sed?

—Pues bebe agua, o échale gaseosa al vino.

—¡Pasadme la gaseosa!

Y el que la había rellenado le dice:

—Pon el vaso, que ya te la echo yo.

Y le rellenaba de agua de mar y el otro se la bebía sin pestañear.

Todos contaban chistes y el aire estaba cargado de risas. Hipólito contaba anécdotas. Lástima que no recuerde ninguna, pero, a mí, lo que más gracia me hacía, es que en cada anécdota hacía un gesto con la boca girándola a la izquierda, cambiando el tono de voz, para contar el final del chascarrillo y todos nos partíamos de risa.

Después de un buen rato de reírnos a mandíbula batiente, alguien dijo:

—Está baja la marea, podemos ir a buscar ojos viales.

Yo, que nunca había oído eso, le pregunté a Elena de qué se trataba. Me dijo que eran unos caracoles fósiles que, al bajar la marea, aparecen por la arena, pero sólo en esa playa de Ponzos.

—¿Y cómo son? —le pregunté.

—Son pequeños, planos, del tamaño de una uña o un poco más, algunos son anaranjados o rojos, otros blancos y naranjas.

—Bueno pues vamos a por ellos.

Cuando empieza a andar le digo:

—Pero tenemos que llevar unas bolsas para meterlos.

Se echó a reír y me dice:

—Si tienes la suerte de encontrar uno o dos en los cinco o seis kilómetros de playa ya sería un éxito. ¿Y para qué quieres una bolsa?

Y no paraba de reírse. Me gustaba mucho cuándo se reía.

Fuimos unos cuantos andando por la playa y mirando al suelo, pero como la playa era tan gigantesca, enseguida nos fuimos dispersando. Elena y yo, en un momento, nos quedamos solos, aunque seguíamos viendo los grupitos.

Al quedarnos solos, pude hablar con ella y decirle que me gustaría escribirle cuando estuviera en Burgos y, de paso, le pedí su dirección de Ferrol. Me dijo que sí, que al volver me anotaría su dirección y que yo también le diera la mía.

No paraba de hacerle preguntas. Me dijo que estaba estudiando en el colegio de la Compañía de María de Ferrol, que tenía dos hermanos, pero mucho más mayores que ella. El mayor se llamaba Víctor y era oficial de la marina, el otro, Jaime, era A.T.S., y que ella, cuándo terminase en el colegio, quería ser enfermera.

En una de estas, me dice:

—Pero oye, deja de mirarme a mí y mira al suelo, porque así no vas a encontrar ningún ojo vial.

En esto que oímos el grito de alguien que decía:

—¡Encontré uno! ¡encontré uno!

Corrimos todos a verlo. Era de color blanco y naranja, redondo, macizo y aplastado, muy bonito, como un caracol aplastado, se distinguían los círculos de la cáscara.

Entonces le pregunté a Elena:

—¿Para qué sirven?

—Pues puedes hacer un colgante, o, si tienes varios, los puedes poner en tu casa de adorno, o hacer algo bonito con ellos.

A mí me gustaba mucho Elena y yo creo que a ella también le gustaba yo.

No fue el único día que nos vimos ese verano, antes de ir a Burgos nos encontramos alguna que otra vez y seguimos conociéndonos. Así me enteré de que su padre era contramaestre del buque escuela Juan Sebastián Elcano, en el que ya había dado varias veces la vuelta al mundo. En este barco es donde hacían las prácticas los alumnos de la Escuela Naval de Marín.

Su padre era una persona muy querida por todo el mundo. Era muy agradable, de buen carácter y magnifico instructor. Elena adoraba a su padre, lo quería con locura. A mí, su padre me pareció una persona extraordinaria. Su madre es la que se encargaba de la casa y atendía a sus hijos cuando su marido estaba navegando y, además, hacía unos bordados de impresión, que, aunque yo no entendía de eso, bastaba mirarlos, para darse cuenta de que eran una maravilla.

Antes de ir a Burgos, tanto Adela como Hipólito, su padre, enseguida se dieron cuenta de que entre Elena y yo había algo más. Incluso Hipólito un día, delante de Elena me dijo en gallego «¡Arzúa, que mal te vexo!»

Ya en Burgos, Elena y yo nos escribimos muchas cartas y estábamos cada vez más encariñados el uno con el otro.

Mi compañero de pensión era Tomás de la Peña. Un vasco que había nacido en Bilbao. Cuando le pregunté sí había nacido en Bilbao, Bilbao, me dijo, «sí claro pues, qué más da, si los vascos nacemos donde nos da la gana». Era un chicarrón del norte, alto y bien parecido. Era, y es, una excelente persona y admirable, porque además de estudiar aparejadores, trabajaba para pagarse sus estudios.

En las navidades de 1968, Elena y yo nos seguimos viendo y todo parecía ir bien. Pero en enero de 1969, antes de mi partida de nuevo a Burgos, tal vez debido a la influencia de sus amigas, que le debieron de decir «no te fíes, igual está saliendo con otra chica allí en Burgos y al final te deja plantada», me planteó que nos hiciéramos novios.

Hablamos y le dije

—Elena, yo no puedo tener novia en estos momentos, ya que aún no tengo un futuro a la vista. A mí personalmente me horroriza que vayamos a ser novios durante cuatro o cinco años.

»En la pandilla de mis hermanas que son mayores que nosotros, hay parejas que llevan cinco o seis años de novios y aún no tienen un trabajo o no han terminado sus estudios y por el momento aún siguen sin saber cuándo podrán casarse. Eso yo no lo voy a hacer.

»Mi opinión es que el día que nos hagamos novios, veamos ya la posibilidad real de casarnos un par de años después.

—No estoy de acuerdo con eso que me dices. Es que tú, muy bonitas palabras, pero yo, no sé lo que tú haces allí en Burgos. Entonces si no quieres que seamos novios, tú y yo vamos a estar un año entero sin vernos, ni escribirnos, ni salir, ni nada. Y si después de ese año me sigues queriendo, me llamas y salimos de nuevo.

—Eso me parece absurdo. —le dije— Podemos hacer como hasta ahora, escribirnos y salir cuándo yo esté aquí.

—No, no, vamos a estar un año sin hablarnos y después ya veremos.

—No me gusta lo que me propones, pero si ese es tu deseo, vamos a hacer como tú dices.

Pasaron más de seis meses y a finales del mes de julio, lo pensé detenidamente y me dije, antes de regresar a Burgos de nuevo, tengo que hablar con Elena.

—Elena, soy yo, ya sé qué quedamos en que no te llamaría hasta que pasara un año, pero quiero hablar contigo. A ver si nos podemos ver, porque prefiero hablar personalmente contigo, en vez de por teléfono. ¿A qué hora te viene bien y dónde nos vemos?

Llegué un poco antes para poder aparcar cerca y sobre todo para no hacerla esperar. La vi muy guapa, pero no tenía buena cara. Estaba como temblorosa y preocupada, entonces caí en la cuenta, de que a lo mejor pensaba que iba a decirle algo malo.

Donde habíamos quedado era una cafetería y había demasiada gente. Me acerqué y le dije «¿qué te parece si nos vamos en el coche a dar una vuelta?, porque aquí hay mucha gente». Asintió con la cabeza.

Salimos en el coche en dirección a Cobas y empecé diciéndole que me seguía pareciendo absurda la situación en la que estábamos. Creía que debíamos de acabar con todo eso, porqué lo único que conseguíamos era hacernos daño a nosotros mismos.

—Yo lo que quiero es salir contigo y lo único que hemos conseguido es no salir nada nosotros en todo este tiempo. Mira Elena, los días que tenemos para estar juntos son muy escasos y si aún encima los desperdiciamos... Yo quiero estar contigo y creo que necesitamos empezar de nuevo, con más fuerzas que nunca, claro, si tú quieres salir conmigo.

—Pensé que lo que me ibas a decir era otra cosa completamente distinta, me contestó.

—¿Por qué pensaste que te iba a decir otra cosa diferente? —le dije.

—Es que el otro día te vi en el coche con otra chica, e ibais los dos muy animados. Estabais parados en el semáforo que hay cerca de mi casa y te veo a ti y a la otra, todos sonrientes.

—Vaya, lo siento, pero ¿sólo me viste ese día? es que llevo saliendo con ella unos cuantos días, pero no es lo que parece. Se trata de Margarita, la hija de unos señores que su familia son amigos de mis padres, pero que no viven aquí.

»Se les ocurrió que la niña podía pasar unos días en casa de mis padres, y a mí me dijeron que la llevara por ahí para enseñarle las playas, el castillo de San Felipe y demás, pero ya se fue. Y con la niña, que no es tan niña, ya que tiene dos o tres años más que tú, lo único que hice es ser amable con ella y portarme bien.

»Además, no me costó mucho trabajo porque era encantadora. Pero ¿tú no me dijiste que no eras celosa?

—Antes no, pero ahora sí. —Me dice con voz temblorosa.

—Mira Elena, yo lo que quiero es estar contigo y que dejemos esta situación absurda, que no nos conduce a nada.

A todo esto, llegamos a Cobas y aparqué en un sitio desde donde se veía el mar a lo lejos.

—Pues la verdad, creí que la llamada que me hiciste era para decirme que me ibas a dejar por esa chica, con la que te vi en el coche. Creí que te había perdido. Cuando llegué a casa entré en mi habitación y me puse a llorar.

Al decirme esto, la miré y sus ojos se llenaron de lágrimas y una de ellas se deslizó por su mejilla. La abracé y acerqué mi cara a la suya mientras le decía:

—Elena, lo siento muchísimo, yo sólo te quiero a ti. Me gustaría seguir saliendo contigo, el poco tiempo que nos quede antes de que tenga que ir a Burgos y desde allí escribirte y que tú me contestes.

—Sí —me dijo— vamos a dejar esto.

Nos dimos un abrazo y un beso.

—La espera y el haber visto lo que no debías de ver, aviva el amor verdadero

—Justo cuando creía que te había perdido para siempre, todo comienza de nuevo.

Aún pudimos disfrutar de unos cuantos días del mes de agosto de 1.969, no para vernos todos los días, pero sí para disfrutar de algún fin de semana. Después tuve que regresar a Burgos, para los exámenes de septiembre.

Nos volvimos a ver en navidades y el día 3 de abril de 1970 nos hicimos novios.

En Radio Juventud de Burgos, hicieron un programa, en el que podían participar parejas, que por razones de estudio o de trabajo se encontrasen separadas y les brindaban la ocasión de pasar juntos el día de San Valentín, invitados por la cadena de radio y patrocinados por varios establecimientos comerciales.

Les escribí una carta, diciéndoles que mi novia Elena estaba estudiando enfermería en La Coruña y yo aquí estudiando aparejadores (Arquitecto Técnico), en Burgos y que me gustaría que me la trajeran, para estar con ella ese día tan señalado, como era San Valentín. Todo esto en una carta muy bonita y bien escrita.

Por lo visto, enviaron los oyentes numerosas cartas, las cuáles iban leyendo a medida que se iban recibiendo, porque naturalmente, esto estaba hecho varios días antes del día de San Valentín.

El jurado consideró que mi carta era la mejor de todas y fue la elegida.

En ese momento Elena estaba estudiando enfermería en La Coruña. Llamaron por teléfono a Elena y también a sus padres. Su madre, en un primer momento, les dijo que no, que no iba a ir a Burgos. Total, que el director de Radio Juventud tuvo que asegurarle a la madre que él mismo se haría responsable de su hija, que no se preocupara por nada. Que subiera su hija al tren y que él mismo la recibiría en la estación en Burgos.

A partir de ese momento, tanto la radio como el periódico El Diario de Burgos, no pararon de comunicar la noticia. La pareja del año ya ha sido elegida. Mis compañeros de la escuela, mis amigos, entre ellos Adela, «¿pero eres tú?, pero va a venir Lelé». Todos me paraban por la calle y los vecinos de la calle donde yo vivía me decían, que querían conocer a la novia. Fue un bombazo.

Voy a reproducir aquí un poco de un recorte de prensa, para poder hacerse una idea.

"*Entre las numerosas cartas recibidas, el jurado eligió pareja unida del año a la formada por la señorita María Elena Touriño Sóñara de 19 años, domiciliada en Ferrol y que es estudiante de enfermera en La Coruña.*

*El solicitante es su novio, Domingo Arzúa Vázquez de 22 años, residente en Burgos, donde cursa estudios en la Escuela de Arquitectos Técnicos.*

*Ayer tarde en el tren Ter procedente de La Coruña, llegó a nuestra ciudad la novia afortunada. Fue recibida por miembros de Radio Juventud y trasladada al hotel Almirante Bonifaz, donde tenía habitación reservada.*

*El programa para hoy, día de San Valentín, está dispuesto.*

*A las 10 de la mañana, la feliz pareja desayunará en Cafetería Oslo 21.*

*Un taxi estará a su disposición, para que realicen las visitas que deseen. En principio, está previsto que se trasladen a la Cartuja, a las Huelgas, a la Catedral y al Castillo.*

*Tomarán aperitivo en la Cafetería Espolón. A las 2,30 almorzarán en el Restaurante Gaona.*

*Tomarán café en Cafetería Puerta Real y tendrán luego tiempo libre.*

*A las 7,30, están invitados a merendar en la cafetería Roma.*

*A las 9 de esta noche harán su entrada en la Gran Gala de los Enamorados, que se celebra esta tarde en el Club Campeador. Allí serán objeto de gentiles atenciones.*

*Recibirán un regalo de Campo, Grandes Almacenes, un álbum de fotos obsequio de Villafranca, recogiendo el desarrollo de la venturosa jornada del día de San Valentín y medalla del amor de joyería Javier.*

*La pareja cenará en el Mesón del Cid y por la noche, acudirán a la Sala de Fiestas.*

*La señorita Elena y su novio Domingo, constituyen una pareja simpática y joven. Aún no han salido de su asombro al saberse afortunados.*

*Ella no conocía Burgos, aunque, como su novio decía en la carta, «tenía el corazón en nuestra ciudad». Es muy feliz y ha tenido que vencer, no pequeñas dificultades, para poder disfrutar de este permiso.*

*Aseguran que Burgos, dejará en ellos un recuerdo imborrable y se disponen a vivir la jornada de hoy, con todo el entusiasmo y alegría de su juventud. Que el patrón de los enamorados los bendiga.*"

Ese día, tanto Elena como yo estábamos alucinando, no dábamos crédito a lo que estaba pasando, porque era una cosa detrás de otra.

Tuvimos muchos regalos, pero algunos, como ramos de flores o tartas, yo les decía, que lo llevaran al piso donde yo vivía con otros compañeros. Los llevaron allí y tenía intención de que Elena se llevase un ramo de rosas rojas preciosas y que además eligiera una de las tartas, para llevársela.

Lo que pasó es que al final, entre tanto fotógrafo, periodistas y público despidiéndose de Elena, se me olvidó por completo lo del ramo de rosas y la tarta, que se quedaron en el piso.

Claro, lo que yo no sabía, pero me enteré después, es que las tartas que se meten en la nevera de un piso de estudiantes pasan por un proceso de evaporación y, en una noche, desaparecen como por arte de magia, lo vi con mis propios ojos.

Antes de subir de regreso en el tren, me dice Elena:

—¡Qué barbaridad! ¡qué locura! ya llevo que contarles a mis amigas.

—Por lo menos esto te servirá para comprobar, que yo no tenía ninguna novia en Burgos.

—Sí —me dice— y, si la tenías, ya debe estar bien lejos.

# CAPÍTULO 5

# NOS CASAMOS

En las navidades del año 1971, le comenté:

—Elena, ya dentro de poco va a hacer dos años que somos novios. ¿Recuerdas lo que hablamos? que dos años de noviazgo era bastante y tú dijiste «aunque sea un poco más no pasa nada» y yo te dije «bueno un poco más vale, pero sólo un poco más». Entonces, ¿qué te parece si nos casamos este próximo año 1972?

—Pero es muy pronto, porque yo quiero terminar mi carrera de enfermera.

—Yo también quiero que termines tu carrera por encima de todo, pero ¿Qué problema hay para que termines tu carrera estando casada?

No supo que contestarme.

—Elena, si no hubiese ningún problema de esos ¿A ti te gustaría casarte conmigo?

—A mí sí, pero mis padres...

—Pero mira, si yo estoy deseando casarme contigo y tú también deseas casarte conmigo, ¿Quién nos va a parar?

—Pero Domingo, con tanta prisa, hasta más de uno puede pensar que estoy embarazada.

—Pues que lo piensen y nos echamos a reír los dos.

Después continuó:

—Pero si es así, no podríamos casarnos nada más que en el verano o en las próximas navidades, porque en otro momento no me darían permiso y podría perder el curso. Además, hay otro problema añadido, que sería poco tiempo para arreglar todo, la iglesia, el banquete de boda, etc. Yo no creo que todo eso se pueda arreglar.

—Vamos a ver, ¿tú estarías dispuesta a casarte conmigo si pudiésemos arreglar todo eso?

—Yo sí, pero tanto mis padres como los tuyos van a poner el grito en el cielo.

—Pero ¿qué te parece si los convencemos? Lo primero que vamos a hacer es decírselo ya, ahora en estas navidades, porque son fiestas, están todos más alegres y le estamos diciendo que queremos casarnos, pero no este año, sino el año que viene. Y les dejamos caer para el verano, y si oponen mucha resistencia y dicen que para el verano no da tiempo, pues les aceptamos que sea en las próximas navidades ¿Qué te parece?

—A mi genial.

—Pero no le vayas a decir a la primera de cambio que puede ser en las navidades. Primero insistimos en que tiene que ser en verano, por tus estudios, y cuándo ellos se emperren que tiene que ser en las navidades, nosotros les aceptamos y así va a su gusto.

—Pero mi madre va a decir...

—Lo que diga, pero lo que va a decir, es lo mismo que lo que tú me acabas de decir ahora, que no es posible porque no hay tiempo y tú le dices, «Domingo eso lo arregla». Y cuándo te diga, «pero si aún estas estudiando», le dices que puedes estudiar lo mismo de soltera que de casada. Y si te dicen de algo que no sepas que contestar, le dices que ya se arreglará eso también y después me lo cuentas a mí y le buscamos la solución. Ya verás como todo va a salir bien. No tenemos que enfadarnos. Sólo decirles lo que queremos y después tú y yo ya nos iremos contando todo y tomaremos las decisiones más adecuadas para cada cosa. Ya verás como al principio va a ser todo no, pero al día siguiente van a empezar a decir, bueno, pues a ver cómo hacemos. Y nosotros estaremos ahí para darles las soluciones en bandeja.

Se lo dijimos a nuestros padres y la reacción de ambos fue la misma «¿Pero qué prisa tenéis? Para este año no va a dar tiempo a prepararlo todo».

—Hay que hacer la petición de mano a sus padres —dijo mi madre.

—Pues ¿a qué esperáis para invitar a sus padres a comer y hacer la petición de mano? —les dije.

—Es que hay que comprar la sortija.

—Pues vamos a organizarnos. Mañana mismo voy a comprar la sortija.

—No —dice mi padre— tiene que ir tu madre contigo porque conoce mucho al joyero, que era muy amigo de tu abuelo.

Yo puse cara rara, pero mi hermana Raquel que era un poco mayor que yo y sabía latín, me dice por lo bajo «deja que lo haga mamá que así te paga la sortija».

—¡Ah sí! —dije— pues si conoces al joyero vamos cuándo queráis y después organizamos para que vengan a comer aquí.

Tuvimos a nuestras familias estresadas unos cuantos días, pero toda la maquinaria empezó a funcionar.

En la comida de petición de mano, el padre de Elena dijo que, al pertenecer él a la marina, iba a hablar con el párroco de la Iglesia de San Francisco, concatedral de Ferrol y que le pediría vez para casar a su hija.

Dos días después nos dijo, que el único día disponible en la Concatedral para casarnos tenía que ser el 24 de diciembre de 1972 día de nochebuena. Y así quedó fijada la fecha de nuestra boda. Pero aún había otro inconveniente, que ese día no estaba disponible el párroco para casarnos, pero mi padre dijo, el cura lo ponemos nosotros.

Entonces sólo quedaba localizar un restaurante para ese día. No fue posible en todo Ferrol localizar un restaurante disponible. Sólo fue posible localizar un sitio en el Hotel Sarga de Cabañas, Pontedeume, a unos pocos kilómetros de Ferrol.

Mis padres me habían regalado meses atrás un piso en Ferrol, de un edificio que era de ellos. El resto de los pisos ya se los habían regalado a otros de mis hermanos. El piso que me dieron a mí era un cuarto piso sin ascensor y que había estado alquilado. Los inquilinos lo habían dejado bastante estropeado y tenía que arreglarlo. Mis hermanos también habían tenido que arreglar los suyos. Eso no me preocupaba, lo único malo era que no me iba a dar tiempo de arreglarlo para la boda. Pero lo hablé con Elena y le sacamos hierro al asunto, ya que tanto en casa de sus padres como en la de los míos teníamos sitio para estar, hasta que el piso quedara listo.

A principios del verano, fui allí un fin de semana con un albañil y un peón.

Logramos picar todos los azulejos viejos de la cocina y del baño. Además de bajar todo ese escombro los cuatro pisos, meterlo en un Land Rover y en varios viajes llevarlo a la escombrera.

Después, hice un plano de la cocina y otro del baño, con el fin de ver la colocación de electrodomésticos y sanitarios del baño, para así poder marcar tomas de agua, enchufes y desagües.

Le enseñé los planos a Elena y le dije:

—Ahora tienes que decirme dónde quieres poner la cocina, el lavaplatos, la nevera, etc.

Y me dice:

—¿Yo?, pero ¿cómo voy a decidir eso?

—Sí, tú eres la que vas a vivir ahí y tu opinión es la que vale. Pero mira, no te preocupes, porqué todos los pisos del edificio son iguales y en el primer piso, vive mi hermana Raquel y puedes ver como lo tiene ella puesto, en el segundo vive mi hermano Manolo, y en el tercero mi hermana Teresa. Ellos te pueden decir los errores que han cometido y lo que harían ahora. Tienes la ventaja de no ser la primera y ver si te conviene más la lavadora aquí, o en otro sitio.

Fue muy fácil tomar decisiones, ya que, a pesar de ser los pisos iguales, cada uno había puesto los electrodomésticos en un sitio diferente. Así pudimos ver las ventajas y los inconvenientes. Lo mismo hicimos con el baño. Así le pude marcar al fontanero y al electricista todo lo que necesitaban conocer.

Con el fontanero no hubo ningún problema, ya que en una semana dejó todo listo. Pero con el electricista, que le llamaban el Pego, sí que me dio mucho trabajo, a pesar de que yo le hice todas las rozas de la pared, para que colocara, enchufes y llaves de luz. Venía cuando le daba la gana, hacía un poco, y ya se iba, porque decía que tenía que ir a otro lado y nunca terminaba nada. Logré que terminara la cocina y el baño, porque necesitaba que viniera el albañil a colocar los azulejos. Con las habitaciones fue decirme que venía mañana, siempre mañana y me tuvo así hasta después de la boda. Un día me preguntó mi padre, que tal me iba con las obras del piso y le dije que la pega era el señor Pego. Total, que hasta unos meses después de la boda, no quedó listo el piso.

Ese verano de 1972, un día me dijo mi padre:

—Vas a tener que ir a la Oficina de Aduanas de Vigo, con el fin de sacar un permiso, para poder enviar a Portugal unas piezas de cerámica.

No era la primera vez que iba, ya que, cuando estaba en Vigo estudiando el bachillerato, ya había ido con mi hermano Delfín, que era mayor que yo, a sacar un permiso de esos. Entonces les dije a mis padres si podía ir Elena conmigo, ya que estaba de vacaciones, y me dijeron «sí, id los dos».

Elena ya sabía que yo había estudiado el bachillerato en el Colegio Apóstol Santiago de los

Jesuitas de Vigo. En el viaje le dije a Elena, que me gustaba mucho que viajara conmigo, ya que, además de que me encantaba que viniera, quería parar en el colegio y presentarle al padre Llorens, ya que ese cura había sido muy amigo mío durante todo el tiempo que yo estuve estudiando en ese colegio.

—Cuando abandoné el colegio para ir a la universidad, le hice una promesa al padre Llorens, de presentarle a mi novia cuando la tuviera —le dije.

Le hizo gracia eso a Elena y de manera suave y tranquila esbozó una sonrisa y dijo:

—Pues vamos a conocer al padre Llorens.

El padre Llorens nos recibió con los brazos abiertos y una amplia sonrisa.

—Llorens —le dije— esta es Elena, mi novia, y nos vamos a casar en las próximas navidades, aquí te la traigo, tal y como te prometí.

Elena le dio un beso en cada mejilla. Llorens, sin dejar de sonreír y moviendo los brazos abiertos, la miró de arriba abajo, una, dos, tres veces. Se río más y más, hasta que dijo:

—Sí, esta es la elegida, es ella, no cabe la menor duda.

Elena se quedó petrificada al escuchar sus palabras, y dijo:

—Pero ¿cómo que soy yo la elegida? ¿la elegida de qué?

Llorens, cuya mirada y sus palabras rezumaban sabiduría le dijo:

—Es que Domingo y yo, días antes de dejar el colegio, le rezamos a la virgen del colegio, para que le encontrara una novia a su medida y que fuera buena persona. Y esa eres tú.

Entonces Elena emocionada dijo:

—Pero eso es lo que también hice yo. Le pedí a la virgen de mi colegio, que mi novio fuera buena persona ¡Qué casualidad!

—No, no es casualidad, —dijo el padre Llorens— me alegro muchísimo de que os hayáis encontrado. Vuestro matrimonio va a ser muy dichoso.

Antes de casarnos, Elena había ido a hablar con la dirección de la Escuela de Enfermería, para decirles que se casaba el día 24 de diciembre. Pedirles de paso si le permitían regresar el 24 de enero para poder realizar el viaje de luna de miel.

En principio le dijeron que no, que tenía que regresar el día 8 de enero, después de reyes, que es cuando empezaban las clases. Pero en un gesto de generosidad, al final le permitieron regresar una semana más tarde.

El día de la boda Elena estaba radiante, guapísima y los dos estábamos muy felices. En todos los actos que hubo, a la menor oportunidad, nos cogíamos de la mano, quizás porque así nos sentíamos más seguros.

En un momento que pude le dije:

—Elena, estoy muy contento de iniciar una vida a tu lado. Yo no me merezco una persona como tú.

—Yo también estoy muy feliz a tu lado y te quiero con locura —me contestó.

Me emocionó mucho, que en el momento de decir el «sí quiero», giró su cabeza, me miró a los ojos y dijo «SÍ QUIERO», yo imitándola, cuando me tocó mi turno, hice lo mismo que ella.

En realidad, caímos rendidos uno por el otro y dispuestos a cualquier reto que nos deparara el futuro.

En el viaje de luna de miel, que hicimos después de la boda, no fuimos a ninguna agencia de viajes ni nada que se le parezca. Sería un viaje a nuestro aire, con un toque de aventura.

Teníamos claro que queríamos estar solos y nos propusimos visitar Portugal de norte a sur, visitando los lugares que nos parecieran más interesantes. Teníamos en mente ir a Coímbra, Oporto, Lisboa etc., pero sin un plan de ruta fijado.

Después de Lisboa, pasaríamos de nuevo a España y visitaríamos ciudades como Sevilla, Granada, Córdoba, Toledo, Madrid y de regreso a Galicia.

Nos paramos en lugares que a lo mejor no eran tan importantes, pero sí nos gustaban, nos parábamos y disfrutábamos de pueblos y aldeas que nos hacían sentir a gusto. Así el día 31 de diciembre de 1.972, o sea, el día de fin de año, llegamos a Lisboa.

Era cerca del mediodía, cuando fuimos serpenteando las calles de Lisboa, hasta adentrarnos en el casco viejo de la ciudad. Me dice Elena «mira, ahí tienes un sitio, aparca por ahí».

Paseamos, por esas calles, con edificios antiguos, en cuyas fachadas había mosaicos con azulejos azules o verdosos, que nos dejaron con la boca abierta. También había una iglesia, con toda la fachada, incluido el campanario, llena de azulejos y, en el atrio, una fuente majestuosa, enorme, con dos caños brotando agua y toda recubierta de azulejos policromados.

¡Cuántos azulejos! ¡Qué preciosidad! Es que no era una casa ni dos, eran muchísimas casas engalanadas de mosaicos, a cada cual más hermoso.

—¡Qué maravilla! —dijo Elena— en mi vida he visto nada que se pueda comparar.

Cominos en un restaurante, que se nos puso delante y, por no desviarnos, entramos y nos sentamos. El camarero, alto moreno y con un mostacho muy llamativo, nos atendió al momento, recomendándonos frango a la brasa, con salsa Piri Piri.

Después de comer, le preguntamos al camarero si había algún hotel por allí cerca y nos dijo «Sí, miren, aquí mismo a la vuelta tienen uno.»

Fuimos hasta el hotel, pero nos dijeron que estaba completo. Desde allí nos indicaron dos hoteles más, pero no había habitaciones. Al principio pensamos que como estábamos en la zona antigua de la ciudad, que ese era el problema, pero cuándo nos metimos en la parte nueva pasaba lo mismo.

En un hotel, nos explicaron el motivo «Aquí en Portugal, es tradición que el día de fin de año, muchas familias, parejas o amigos, la noche de fin de año, van a cenar a un restaurante. A la vez reservan habitación en un hotel, para no tener que coger el coche de noche y con unas copas encima. Así que yo lo que les recomiendo, es que cojan el coche y se vayan Uds. a la localidad de Estoril, porque allí recientemente, han construido edificios enormes destinados a hoteles, y puede ser que encuentren alojamiento».

Allí nos dirigimos y ya preguntamos en el primero que encontramos. Pero, de nuevo, la misma respuesta, lo sentimos no hay habitaciones disponibles.

Cuando nos disponíamos de nuevo a subir al coche para seguir buscando, no sé cómo, miro y veo allí, en una colina un edificio enorme, que, en la parte alta, tenía un rótulo luminoso, que ponía HOTEL.

Le digo:

—Elena, ¡mira! señalándole con el brazo el edificio.

Se le iluminó la cara, a la vez que se le dibujaba una sonrisa.

—Venga, vamos allí —me dice.

El chico que estaba en la recepción nos dijo que lo sentía, pero que todo el hotel estaba alquilado al completo, por una empresa inglesa, porque habían venido los jefes y los empleados a pasar el fin de año.

—Pero ¿les queda alguna habitación libre?

—Quedar queda, pero ellos han alquilado todo el hotel, en su totalidad.

—A ver, dígame, ¿quién es el dueño de esa empresa?, ¿dónde está y cómo se llama? que quiero hablar con él.

Fue a buscarlo y estuvimos un buen rato explicándole que éramos españoles y recién casados, que no teníamos habitación para pasar la noche de fin de año, que llevábamos desde el mediodía preguntando en todos los hoteles de Lisboa, pero que no había habitación en ninguno. Después de escucharnos, le dijo al chico de la recepción que nos diera una suite para pasar la noche, y a nosotros nos dijo que éramos sus invitados y que bajáramos a cenar a las ocho y nos señaló desde fuera donde era el comedor. Pero lo que había allí a la entrada, era gente muy bien vestida.

—Tenemos que darnos prisa porque ya son más de las siete y seguro que a esta gente no les gusta que lleguemos tarde.

—Menos mal que me traje dos vestidos de fiesta por si acaso —dice Elena.

Nos dimos una ducha rapidita y le ayudé con el vestido. La verdad es que me quedé mirándola porque no parecía la misma, y me dice:

—Pero ¿qué haces ahí como un pampo?, ponte tú el traje y bajamos.

Eran las ocho menos cinco, cuándo bajamos en el ascensor.

Cuando entramos por la puerta del comedor, ya estaba toda la gente sentada, excepto los camareros, que estaban todos vestidos de blanco y unos al lado de una mesa llena de mariscos, con torres hechas de langostinos. En otra de las mesas estaban otros camareros donde había varios pavos asados, faisanes y asados de carne. Delante un montón de tacitas con salsas. Enseguida vimos la figura del jefe, que nos hacia una seña con la mano para que nos acercáramos. Nos presentó a su esposa y nos sentó a su lado. Han pasado tantos años que ya no recuerdo sus nombres. Elena sí que se acordaba, porque cuando comentábamos con alguien esto, ella decía sus nombres. Él hablaba español bastante bien, su mujer en cambio sólo hablaba inglés. Le pregunté qué fabricaba su empresa y me dijo que era una empresa de material eléctrico, llaves de luz, enchufes etc. Todo el material eléctrico de ese hotel fue suministrado por ellos. Me dijo que como había tenido que venir aquí unas cuantas veces, se le había ocurrido traer aquí a su personal a pasar el fin de año. Aunque no todas las personas que estaban allí eran sus empleados, ya que algunas eran esposas o hijas de sus empleados y otros eran esposos de sus empleadas o hijos.

También le dije que era muy joven para ser el dueño de una empresa así y me dijo que la empresa era de su padre y, al jubilarse, él había el cogido el relevo. Tanto él como su esposa eran más mayores que nosotros, pero de treinta y tantos años.

La cena fue espectacular, prácticamente no era posible probar de toda la comida que había allí, porque había muchísimo. Los postres también fueron algo insólito porqué había tartas de todos los colores. A mí me llamaron la atención las tartas de color azul. Cuando estábamos con los postres, abrieron unas cortinas y el comedor dio paso a otra sala donde empezó a bailar la gente y, ya cuando faltaba poco para las doce de la noche, empezaron a hacer la cuenta atrás 10, 9, 8,..., 4, 3, 2, 1, y gritaron ¡FELIZ AÑO NUEVO! Y, con la misma, empezaron a besarse. Elena y yo también nos dimos un beso y nos deseamos un feliz año.

Había ya unos cuantos muy contentos, pues del vino de la cena se pasó al champán, y ahora corría el whisky, que lo bebían casi como si fuese agua.

Al poco rato, llegó un empleado del hotel con un recado para el jefe. Mandó bajar la voz y les dijo a todos, que ya habían llegado los autobuses, que iban a llevarlos al casino de Estoril y que podían ir subiendo a los mismos. A nosotros nos dijo que podíamos ir también y yo le dije, tengo el coche ahí y podemos ir los cuatro en él. Me aceptó enseguida. Su mujer dijo que iba a subir a la habitación, porqué quería ir al baño y nosotros también subimos a nuestra habitación y quedamos de vernos abajo en quince minutos.

Ya en la habitación, le pregunté a Elena cuánto le parecía que debíamos de gastar en el casino, y me dice:

—Poco, porque lo que juguemos lo vamos a perder.

—Pero ¿cuánto es poco para ti? —le pregunté.

—Cambia mil pesetas para cada uno y, si después vemos que queremos más, pues cambiamos otro poco, pero si ya desde un principio tienes un montón de fichas en el bolsillo, te las gastas en un santiamén, porque te parece que no tienen valor. Total, ya te digo que eso es dinero tirado.

—Tienes razón Elena.

Cuando llegamos allí al casino, ya casi todos los ingleses habían entrado, sólo quedaban dos grupitos, uno de los chicos tenía una bolsa, y les estaba dando unos pequeños sobres a cada uno. Al ver al jefe, se acercó a este y le dio un sobre a su mujer y otro a él. El jefe le dijo algo así por lo bajo y entonces se acercó a Elena y le dio un sobre, y a mi otro.

Le preguntamos qué era, y nos dijo que eran fichas para jugar sin tener ya que cambiar dinero.

—Pero nosotros traemos aquí dinero para cambiarlo por fichas.

—Pues no te va a hacer falta.

Le dimos las gracias y entramos.

Elena sacó las fichas del sobre, las metió en el bolso y me dice.

—En mi sobre hay más de mil escudos en fichas, o sea que nos acaban de regalar más de cuatro mil pesetas, entre tus fichas y las mías.

—Mira, yo creo que debíamos de jugar con las fichas de menos valor y, después, las que nos sobren se las devolvemos, porque total nosotros mañana ya nos vamos a España, y ellos se quedan aquí.

Andábamos Elena y yo allí, entre las mesas mirando, pero sin jugar aún, porque es que no sabíamos ni cómo se jugaba. Yo probé en una mesa con una ficha pequeña y perdí, y al poco volví a perder. Elena tuvo un poco más suerte la primera vez, pero después perdió también. Total, que allí dentro, el tiempo pasaba sin enterarse. Nos dimos cuenta cuándo empezaron a avisar de que el ultimo autobús iba a efectuar su salida. Entonces apareció el jefe con su esposa y nos preguntó qué tal, y le dijimos que mal. Entonces dijo el dicho de «afortunado en amores, desafortunado en el juego».

—Vamos a hacer una cosa —dijo— ahora apuesta tú con mi esposa, y yo voy a la zona V.I.P con Elena y vamos a apostar a ver qué pasa.

Su mujer apostaba sin ton ni son, y perdía sin inmutarse, hasta que en una de estas hizo un pleno que no me lo creía ni yo, y le dieron un montón de fichas.

Según me contó Elena, en la zona V.I.P. no se permitían apuestas menores de 200 escudos. El inglés, que les hablaba en inglés a los empleados del casino y ellos le contestaban en inglés también, apostó allí de lo lindo y ganaba, hasta que le dijo Elena «esta es la última apuesta» pero siguió ganando y él quería seguir, entonces, Elena lo cogió por el brazo y lo sacó de la mesa, lo llevó al pasillo y le dijo:

—No sigas jugando, porque oí lo que le dijo en portugués un empleado al crupier, déjale ganar esta, que en la próxima lo desplumamos.

—No sabía que tú supieras hablar portugués

—Pues sí, pero lo entiendo mejor de lo que lo hablo.

Volvieron entonces a nuestro lado y decidimos que era mejor que nos fuéramos, que era muy tarde y ya se habían ido los autobuses.

—Tomad nuestras fichas, —le dice Elena— porque nosotros mañana por la mañana ya nos vamos a España y no las necesitamos.

Yo las estaba sacando del bolsillo y apoyándolas en una mesita de esas de apoyar las bebidas, y el marido dice:

—No, cambiadlas por dinero, y toma estas también.

La mujer del inglés que no sabía de qué iba la cosa, dice:

—Sí, toma.

Y se le caen un montón de fichas por el suelo y todos recogiéndolas.

El jefe me dio las fichas y me dijo que las cambiara. Yo las cambié y le entregué el dinero, pero no me lo quiso, se lo dio a Elena y le dijo, «esto es un regalo para vosotros, para que os compréis lo que os de la gana». Al final tuvimos que aceptarlo y quedamos en que mañana saldríamos a las once de la mañana.

Al día siguiente, a las once de la mañana estábamos abajo y el jefe también, además de unos cuantos de sus empleados. Nosotros tratando de despedirnos y él diciendo que no nos podíamos ir sin tomar el desayuno británico, que, para el que no lo sepa, es tanto, o más que una comida española. Tomamos el desayuno británico y creo que pasaba de las doce cuando nos fuimos de allí. Los pocos que había allí nos despidieron con unos aplausos. Ese día ya no comimos, no teníamos ni pizca de ganas.

Queríamos llegar a España a toda costa, porque queríamos hablar con nuestras familias ya que era el día de San Manuel y su padre y su madre estaban de santo, y mi padre también estaba de santo.

Cuando estábamos llegando a la frontera con España vimos un anuncio de un parador de turismo portugués que estaba allí mismo en la frontera y nos fuimos derechitos al parador, ya que estábamos deseando descansar un poco y pensamos que, aunque salieran un poco más caras las llamadas, nos quedábamos aquí.

Cuando llegamos al parador, lo primero que hicimos fue preguntar si tendrían habitación, nos dijeron que sí y Elena y yo nos miramos aliviados.

Llamamos a nuestras familias, que estaban muy contentas de oírnos, ya que hacía varios días que no sabían nada de nosotros.

Después hablé yo con mi padre para felicitarlo y me dijo que teníamos que regresar antes de lo previsto, ya que había un congreso de cerámica en Ámsterdam (Holanda), y que ya nos habían sacado los billetes de avión para Elena y para mí, con salida desde Santiago a Madrid, y de Madrid a Ámsterdam, para el día 8 de enero a las 9 de la mañana. También habían realizado la inscripción en el congreso y ya habían pagado los gastos de inscripción y de hotel. (yo creo que me dijo todo eso para que no nos volviéramos atrás).

Se lo dije a Elena y nos quedamos mirándonos uno a otro sin saber que decir. Al cabo de un momento dijo Elena:

—Si es así, necesitamos llegar un par de días antes a casa, porque hay que lavar la ropa y preparar las maletas para esos días en concreto. Estoy pensando que voy a tener que comprarme algún vestido nuevo, porque son tres días allí en Holanda, pero hay el día de ida y el día de vuelta, o sea que son cinco días. Y también hay que contar con los festivos de reyes que está todo cerrado.

—¿Qué te parece si te compras la ropa en Madrid?

—Sí, claro eso es una buena idea.

—Elena, mañana ya es día dos, tenemos que salir mañana para Madrid, y así tendremos el día tres y el cuatro para comprar lo que necesitemos.

—Sí, me parece perfecto.

—Tenemos que ver el dinero que nos queda, para tampoco pasarnos en gastos, y tenemos que llevarles algún regalo a tus padres y a los míos.

—Sí, todo eso lo compramos en el Corte Inglés.

Revisamos el dinero y vimos que teníamos bastante dinero en escudos. Entonces le dije:

—Mira Elena, voy a bajar ahora mismo y llenar el depósito de gasoil, que es más barato que en España, y, de paso, voy a preguntar en la estación de servicio a como tienen el cambio y en el parador también, así mañana, cuándo paguemos, decidimos si cambiamos aquí los escudos o no, porque después ya no nos van a hacer falta.

—Es que no me explico como tenemos tantos escudos —me dijo.

—Ayer la inglesa estaba un poco pasada de whisky. Yo estaba horrorizado porque gastaba sin ton ni son, pero en una de esas puso en un número unas cuantas fichas y le tocó un pleno, que son las fichas que ayer le cayeron por el suelo y que recogimos entre todos.

El día dos nos fuimos a Madrid, nos alojamos en un hotel cerca del Corte Inglés de Princesa y, ya por la tarde, nos dio tiempo de echar un vistazo y, de paso, comprar unos regalitos para los que se quedaron en casa.

El día tres de enero, Elena tenía dudas entre un vestido que había fuera en un comercio frente al Corte Inglés y otro que tenían dentro. El de fuera era un poco más caro, pero a mí me gustaba más y me parecía de mejor calidad. Al final, a pesar de que ella sólo quería comprarse uno, ante mi insistencia se compró los dos, y una corbata para mí que le gustó mucho.

Al día siguiente regresamos a casa. El viaje fue bien, pero hacía frío, tanto que, en algún punto del trayecto, caía aguanieve y pensamos que se podía poner a nevar y complicarnos el viaje, pero al final no hubo ningún problema. No nos esperaban ese día, porque no les habíamos dicho nada, pero se llevaron mucha alegría de que ya estuviéramos en casa.

En los días siguientes todo fueron preparativos para el viaje a Holanda. El día ocho por la mañana temprano nos llevó mi hermano Manolo al aeropuerto de Santiago de Compostela. Allí nos encontramos con dos empresarios de cerámica con sus respectivas esposas, eran Joaquín y Pedro, de Buño. Nos saludamos y les presenté a Elena. Ellos también viajaban al congreso de cerámica y ya fuimos todos juntos. Después de hacer escala en Madrid, tomamos otro vuelo a Ámsterdam.

Al poco de llegar al hotel, me encuentro con un empresario de Zaragoza al que yo conocía y después de saludarnos me dice:

—¿Sabes que hay un paisano tuyo de camarero ahí en la cafetería?

—No sabía.

—Sí, pues es gallego.

—Pues voy a ir a saludarlo.

Fui a buscar a Elena, se lo dije y fuimos juntos a saludarlo.

Aunque no lo conocíamos, era de un pueblo de Orense y estuvimos charlando un rato con él. Elena le preguntó si sabía de algún sitio donde se pudiera comer un filete con patatas fritas, y nos dio la dirección de un restaurante argentino que había cerca de su casa. También nos dijo cuáles eran las mejores cabinas telefónicas del hotel para llamar a España y a qué horas funcionaban mejor, ya que desde la habitación era muy fácil que se cortara la comunicación. Durante el tiempo que estuvimos en el hotel, nos informaba de todo, nos llevaba el desayuno a la habitación, y hasta un día nos hizo de traductor durante unos minutos en los que tuvimos que hablar con un holandés.

Mientras unos asistíamos a las conferencias y después visitábamos empresas, otro grupo, formado principalmente por señoras, las llevaban a distintos lugares, como el mercado de las flores, donde podían ver la subasta de flores, la mayoría tulipanes, que después viajarían a distintos países. También las llevaron a la mayor empresa de tallado de diamantes del mundo. Cuando Elena me lo dijo, le pregunté:

—Elena ¿y no compraste algún diamante?

—¿Yo qué voy a comprar?, si no tengo dinero ni para comprarme el estuche donde los meten.

Y nos echamos a reír los dos.

—Pues, aunque no te lo creas, hubo señoras que sí compraron.

# CAPÍTULO 6.

# COMENZAMOS NUESTRA VIDA DE CASADOS

Nos dispusimos a regresar a casa, y en el viaje le comenté a Elena lo mucho que me asombraba lo rápido que aprendía todo lo que se proponía. Hablamos de cuando éramos novios y le había enseñado a conducir. Algunos sábados por la tarde o el domingo, íbamos a los patios de la empresa de mis padres y allí le iba enseñando como cambiar de marcha, aparcar o arrancar con el coche en cuesta arriba. En muy poco tiempo manejaba el coche como una experta.

Recuerdo un día que estábamos practicando y veo a mis padres mirando desde la ventana de la cocina. Le dije «Elena, vete hasta allí, me voy a bajar del coche y tú vas a hacer todo el circuito completo, tú sola, después aparcas y, cuando termines, apagas el coche y subes a la cocina. Vamos a despedirnos de mis padres y nos vamos a ir, porque ya sabes conducir perfectamente.»

Subí a casa de mis padres y mi madre se asombró toda al verme y me dice:

—Pero ¿la dejas sola?

—Sí mamá, ya sabe conducir.

Me acerqué a la ventana.

—Pero no debías de dejarla sola, puede chocar —me dice.

—No, no choca, mira qué bien lo hace. Aprende rápido, pero llevamos ya muchos días practicando y ahora ya lo hace de maravilla, si se examinara ahora aprobaría.

—Pero a mí no me parece que llevéis tantos días practicando.

—Sí mamá, llevamos ya bastante tiempo y ya no se equivoca, lo hace muy bien. Ahora tiene que ir a la autoescuela, que le den unas clases y presentarse a los exámenes.

—¿Y para que tiene que ir a la autoescuela?, que le hagan el examen y listo —dice mi padre.

—No, ahora no dejan presentarse a los exámenes si no es a través de la autoescuela, y tienen que darle ellos unas clases antes, que no le van a venir mal

A todo esto, estábamos viendo como aparcaba. Lo hizo perfecto. Paró el coche, bajó del mismo y vimos como venía hacia la casa. Cuando llegó a la cocina, mis padres se deshacían en elogios de lo bien que conducía. Elena decía:

—Yo lo hago lo mejor que puedo y ahora ya me siento más segura, pero si me deja sola, como ahora, me entra miedo a que pueda pasar algo que no controle.

—No —le dice mi padre— no debes tener miedo, si ves que algo no va bien, lo que hay que hacer es parar.

El código de la circulación lo aprendió de un librito que tenían mis hermanas de cuando ellas se examinaron. También, cuando yo conducía, le iba preguntando lo que significaba cada señal que veíamos y todo lo referente a la circulación. Fue a la autoescuela, se examinó y aprobó a la primera, tanto el teórico como el práctico.

A partir de ese momento y durante un cierto tiempo conducía ella y yo le decía si el adelantamiento que había hecho estaba bien o se podía mejorar. Nunca en su vida tuvo un accidente, a pesar de los muchos kilómetros que tuvo que recorrer, sobre todo cuando, como enfermera, trabajó en las zonas rurales.

Elena me decía «a la vez que tú me enseñabas a conducir, mi madre me enseñaba a cocinar con las recetas que hacía mi abuela, porque mi abuela fue una gran cocinera.» La cocina siempre se le dio muy bien, sobre todo porque le gustaba cocinar y los platos los hacía para que todos disfrutáramos.

Llegamos a casa y Elena se incorporó rápidamente a la Escuela de Enfermeras "Salus Infirmorum", con la intención de recuperar lo antes posible los días que había faltado.

Ya en La Coruña, vivía en una pensión en la calle División Azul, y su compañera de habitación era una chica que se llama Gema Ribera, que era de Finisterre y también estaba estudiando para ser enfermera.

A Gema y a su marido José Manuel, yo los conocía, ya que más de una vez que fui con Elena a Coruña, estaba ella allí con su novio, hoy su marido, y solíamos tomar un café o charlar un rato.

En septiembre de 2024, conseguí hablar con ella por teléfono. Quedamos de vernos en su casa y, cuando fui, me contó un montón de cosas, que recordaba de aquella época.

Al llegar por la mañana allí a su casa, me quedé asombrado con la casa tan bonita que tenía, y aún más con el jardín y todo lo que allí había. Me dice:

—Mira qué buen día salió hoy ¿qué te parece si nos sentamos aquí en el jardín? al lado de esta mesa de piedra.

—Que rincón tan bonito —le dije— y además oculto de miradas indiscretas —ya que estaba todo rodeado de plantas.

Me dijo que Elena y ella se llevaron muy bien desde el principio. Elena era muy vitalista, agradable, simpática y muy persistente en acabar todo lo que se proponía.

Iban a clase en el autobús y más de una vez se tienen equivocado de numero de bus y después tener que echar una carrera para ir a la Plaza de Azcárraga, "Da Fariña", y poder llegar a tiempo a clase.

Total, que estuvimos hablando y se nos pasó el tiempo sin enterarnos. Llegó su marido y dijo, pero qué tantos secretos tenéis que contaros que lleváis toda la mañana de palique.

Me despedí de los dos, y Gema me acompañó por el jardín, hasta el coche. Nos paramos delante de una planta muy bonita, de un rojo intenso, que tenía allí y me dijo:

—¿Te gusta?

—Sí —le dije— yo tengo una parecida a esta, pero ésta es mucho más bonita.

—Esta es de bulbos, espera que te voy a sacar uno y te lo llevas.

Cogió una herramienta, desenterró un bulbo, lo metió en una bolsa y me dijo:

—Cuando llegues a casa lo plantas. Si la abonas un poco, para el próximo año ya tienes unos cuantos bulbos más.

Allí, en Salus, tenían unas clases teóricas y también unas clases prácticas. En las clases prácticas le enseñaban de todo, no sólo el trabajo de una enfermera en sí, sino también todo lo que hay que hacer en un hospital, desde hacer una cama, hasta cambiar un pañal.

Elena se tomaba muy en serio su carrera, ya siendo novios, más de una vez me decía, este sábado no puedo salir contigo, porque tengo que estudiar, es que la semana que viene tengo un examen.

Estábamos muy felices, pero también nos esforzábamos mucho en todo.

Cuando ya estábamos casados seguíamos separados, ella en Coruña y yo en Ferrol. Pero surgió que en Ferrol se abrió una nueva escuela para enfermeras y el último curso ya lo pudo hacer en Ferrol, así que ya podíamos vernos más a menudo.

Una de las cosas que tuvimos pendiente hasta unos meses después de casados fue el piso, que aún estaba sin terminar de arreglar. Me metí de lleno con el electricista, para que terminara la parte eléctrica, y aún tuve que hacerle unas rozas más en las paredes, porque no contaba con los enchufes que yo le había marcado. Me dijo que el problema del retraso había sido culpa mía, por querer meter en cada habitación tres o cuatro enchufes, cuándo en todas las casas se mete un enchufe por habitación.

También hubo que cambiar el cuadro eléctrico de la casa, completo, donde van los interruptores diferenciales y demás accesorios, ya que no cabían todos los equipos en el cuadro antiguo, y el electricista también me echó la culpa por meter tanto electrodoméstico.

Terminada la parte eléctrica, me puse a emplastecer las paredes para pintar toda la casa. Al comentárselo a mi hermana Raquel, me dijo:

—¿Por qué no pintas sólo los techos y las habitaciones las empapelas?

—Es que yo no sé empapelar.

—Pero te ayudo yo, y te va a quedar bien, que ahora está muy de moda. Hay papeles pintados muy bonitos.

Al siguiente sábado ya estábamos en la tienda, Elena, mi hermana Raquel y yo, eligiendo el papel pintado.

La verdad es que el piso quedó mejor de lo que esperábamos. Cuando por fin pude llevar a Elena a verlo ya terminado, se quedó mirando la cocina... el baño... el salón... las habitaciones ... y dice:

—Es que no parece el mismo piso.

También llevé a ver el piso a mi madre. Nada más subir los cuatro pisos, lo primero que me pidió fue una silla para sentarse.

Después vio el piso y me dijo:

—Pero ¿dónde están los muebles?

—Tenemos lo importante, la cama, el armario, la mesa de comedor y las sillas. De momento tenemos lo que necesitamos, no tenemos nada más, porque se nos acabó el presupuesto, pero nos llega. Elena va a traer alguna cosa más de su casa.

—No, esto así no puede ser. Me vas a llevar a una mueblería y vamos a comprar un tresillo para el salón, y una mesita para la tele. Porque tener la tele encima de una caja de cartón no me parece muy normal.

—Es provisional mamá.

Lo compramos y era de buena calidad, pero cometí un error de principiante, que fue no medir primero el salón antes de comprar el tresillo, ya que el sofá y las butacas eran un poco grandes para ese espacio, y era muy justo para entrar y salir. Pero durar duró muchísimos años.

La cocina estaba completa y con unas estanterías y alguna mesita auxiliar, dimos por válido el piso para trasladarnos a vivir.

El siguiente fin de semana llevamos la ropa de cama, nuestra propia ropa, y las cosas personales, incluidos los regalos de boda. Empezamos por llevar las cosas de Elena. Previamente lavé por dentro y por fuera un Land Rover que teníamos en la fábrica, y le puse por dentro unos cartones con el fin de evitar dañar algunas cosas que eran delicadas. Tanto Elena como yo ya habíamos metido en cajas de cartón todo lo que queríamos llevar al piso. Parecía mucho, pero no era tanto, lo que pasa es que, por ejemplo, los libros pesaban, las mantas abultaban y todo había que colocarlo previamente en el Land Rover, y después subirlo por las escaleras al cuarto piso.

Primero subimos el primer viaje los dos, y le dije:

—Tú vete colocando las cosas y yo sigo subiendo cosas.

Pero Elena, que era muy comprensiva me dice:

—No, vamos a subir otro viaje los dos, porque son muchas cosas, y después empiezo yo a colocar y sigues subiendo tu.

Este trabajo requería un esfuerzo importante, y era normal que cada par de viajes me sentara unos minutos arriba en la propia escalera a descansar un poco.

En uno de los viajes, veo un paquetito, así pequeño, como si llevara libros, pero pesaba menos que si llevase libros y le pregunto:

—¿Y esto qué es?

—¿Eso? a ver, déjame ver, ah sí.

Se ríe un poco y me dice:

—Esto son tus cartas, las que me enviaste desde que nos conocimos, las fui guardando todas y no las quiero perder. Aún de vez en cuando leo alguna.

Yo la miro con cara seria y le digo:

—Pero Elena, eso puede ser síntoma de algún problema psíquico, vas a tener que hacerte ver por un especialista, porque esto puede ser que no sea normal.

Ella callaba y me miraba con esa carita de inocente. Yo seguía diciéndole:

—Creo que vas a tener que consultarlo con alguien. Pero bueno, ya hablaremos de eso.

Volví a subir más cosas y le dije, «quedan abajo en el portal un par de cositas, pero ahora al bajar voy a ir por mis cosas y, al volver, ya las subo con alguna cosa más.»

El caso es que le dije todo eso sobre las cartas guardadas, porque yo también tenía todas sus cartas guardadas, como oro en paño, en una caja de cartón, pero quería prepararle una sorpresa, más bien gastarle una broma.

Lo primero que hice fue ir a buscar esa caja de las cartas y atarla con un cordel. Después, le puse un letrero por fuera que decía: «¡No tocar! asuntos personales de Domingo. Fotos y recuerdos de sus amigas de Burgos». Me reía solo de pensar qué pasaría cuando leyera lo escrito por fuera de la caja.

Al regresar empecé a subir todas las cosas, excepto el paquete de las cartas. Quería subir muchas cosas primero, para, cuando tuviera bastantes paquetes, ponerme a descansar, en la escalera, pero previamente ponerle el paquete delante y ver la reacción de su cara al leer la misiva del paquete. Muchos de los paquetes traían un título como, libros, zapatos, etc.

Cuando tenía ya suficientes paquetes arriba, le puse el paquete de las cartas y me paré a descansar, pendiente de su reacción. Vino, pero no cogió ese paquete, llevó otros de al lado, entonces se lo coloqué más cerca, pero de forma que, sin cogerlo en la mano, no se podía leer todo lo que ponía.

Por fin lo tuvo en su mano, se paró a leerlo y me dice:

—¿Y esto?, ¿qué significa?

—Ah, ¿eso?, nada, son fotos y regalos de mis amigas de Burgos, pero no creo que sea nada que te pueda interesar.

Mientras desataba el cordel a toda velocidad, le digo:

—Mira que algunas de las fotos son para mayores.

Cuando abre la caja y se encuentra sus propias cartas, las coge con sus manos y me dice:

—Anda, ven aquí a darme un beso. Tú también estabas guardando mis cartas y me decías a mí que tenía que ir al loquero. Te voy a dar una.

Nos dimos un montón de besos y le dije:

—Para, será mejor seguir después, porque aún nos queda bastante que subir.

Y, así, comenzamos a vivir en nuestra propia casa, felices, muy felices.

# CAPÍTULO 7

# NACIERON NUESTROS HIJOS

Transcurría el mes de octubre de 1.973, cuándo recibo una llamada al trabajo. Era Elena y me decía:

—Domingo, estoy teniendo contracciones y voy ahora mismo al Sanatorio San Javier, ven lo antes posible.

—Salgo ahora mismo. Elena, te quiero.

Fue lo último que le dije antes de colgar el teléfono.

Avisé a mi madre, que me dijo «si necesitas algo, avísanos».

Comuniqué en la oficina que me iba al hospital. Salí lo antes que pude y en el trayecto iba pensando que tanto Elena como su madre ya estarían en el hospital, porque nuestra casa estaba en una calle pegada a la Plaza de España y solamente tenían que cruzar la plaza para llegar.

Yo, en cambio, tenía que recorrer cuatro kilómetros, pero con algunos semáforos, que me parecía que se habían puesto de acuerdo, para ponerse en rojo al acercarme a ellos.

Sabía que esto iba a pasar en cualquier momento y ya estaba más que avisado, pero como iban pasando los días y nada, siempre pensaba que iba a ser al día siguiente.

Llegué y allí estaba su madre, que me dijo:

—Todo va bien, ha roto aguas y su médico ya está con ella en el quirófano.

—¡Qué rápido! —murmuré.

—Con las primerizas nunca se sabe, replicó su madre, igual viene rápido, que se pasa el día esperando. Pero, en este caso, por lo que parece, tiene prisa por salir. Esperemos que todo vaya bien.

—Sí, asentí.

No pasó mucho tiempo, hasta que oímos un berrido que venía de esa zona. «Ya está» dijo Lola, la madre de Elena. Al poco salió una persona que dijo «es una niña y tanto la madre como la niña están bien». Nos levantamos rápidamente, queríamos pasar a verlas, pero no nos dejaron y nos dijeron que pasáramos a la habitación contigua, donde, en un momento, traerían a la madre y a la hija.

Era el 27 de octubre de 1973 y había nacido nuestra hija María Elena.

La niña era preciosa, morenita y lindísima. No me atrevía a cogerla en brazos y Elena me dijo, «cógela así, por debajo». La tomé en mis brazos y la acerqué a mí. Me daba un poco de miedo que se me pudiese caer, y enseguida se la pasé a la madre de Elena. La puso en sus brazos y la paseó de un lado a otro de la habitación, como si nada, y después la puso en la cama con Elena.

—Tú que tal ¿cómo fue todo? —le pregunté a Elena.

—Bien, no hubo ningún problema y salió con facilidad. El médico actuó rápido y bien, ya me conocía, y en las últimas consultas que tuve con él ya me dijo que todo estaba correcto y creía que en el parto todo iba a ir bien, como así ha sido.

—Pero tú, ¿qué tal te encuentras? —le volví a preguntar de nuevo.

—Estoy dolorida, pero contenta.

—¡Enhorabuena! eres muy valiente.

Le di un beso y le regalé una sonrisa.

Llamé a mis padres y al resto de la familia, para darles la noticia y decirles que todo había ido bien y que tanto la madre como la niña se encontraban perfectamente.

Al día siguiente ya la mandaron a casa y fue un desfile de familiares y amigos. Todos decían lo mismo, qué linda es y qué pelo más bonito tiene.

Elena me parecía una madraza, me asombraba de como sostenía en sus brazos a su hija, con qué cariño, con qué ternura y con qué naturalidad, como si hubiera hecho esto toda su vida. Es como si lo llevase grabado en sus genes.

Elena era una compañera excepcional, cada día que pasaba me daba cuenta de lo valiente que era para afrontar cualquier desafío que se le pusiera por delante.

Me quería con locura y yo le decía:

—Elena, es que yo no me merezco una persona tan extraordinaria como tú.

Ella esbozaba una sonrisa a la vez que me decía:

—Es que tú me ves con tus ojos, pero yo soy muy normalita.

Cuando la niña era un bebé, me dejaba asombrado al ver cómo era capaz y con qué ternura sacaba a la niña de la cuna. Con un movimiento giratorio y ascendente de sus brazos, acercaba la carita de la niña a sus labios, con el fin de rozarle las mejillas.

Es que a mí me parecía imposible hacerlo y me preguntaba a mí mismo, pero donde habrá aprendido. El resto del año lo pasó cuidando y alimentando a nuestra hija.

En enero del siguiente año la llamaron para realizar el año de prácticas y comunicarle que le había correspondido el hospital Labaca de La Coruña.

El hospital Labaca de La Coruña era, por aquel entonces, un hospital de beneficencia, regido por unas monjas y subvencionado por el Ayuntamiento de La Coruña. No era precisamente un lugar muy agradable para nadie, pero a ella y a unas pocas más, les tocó hacer allí las prácticas.

Según me contaba Elena, allí, si había alguna auxiliar, no se le veía por ninguna parte. Ellas, las enfermeras, son las que tenían que hacer todo, limpiar culos, recoger vómitos, pasar la fregona, sacar la ropa sucia de las camas y colocarla en los carritos para la lavandería, y, después, hacer las camas. Eso es lo que les llevaba la mayor parte del tiempo.

Eso sí, cuándo venía el médico a ver a los pacientes, iban en tropel alrededor del doctor y este les dejaba controlar temperatura, tomar tensión e incluso poner algún inyectable. Pero, que yo sepa, nunca recibió ninguna compensación económica por ese trabajo.

Aceptó con resignación ese trabajo. Al principio, estuvo en una pensión en La Coruña, y yo iba a buscarla los fines de semana. Lola, la madre de Elena se había quedado al cuidado del bebé.

Pero esto duró poco tiempo, ya que Elena echaba tanto de menos a su hija, que decidimos comprarnos un Citroën 2 CV., para que pudiera ir y venir todos los días sin problemas.

En unos días le entregaron el coche. El fin de semana estuvo practicando para cogerle el punto al coche. Incluso los dos primeros días que fue a La Coruña, ella iba conduciendo y yo iba a su lado. Después me traía el coche de vuelta y luego volvía a las ocho de la tarde a recogerla y conducía ella de vuelta a casa.

El segundo día me dijo lo que en otras ocasiones me decía:

—Domingo, esto puedo hacerlo yo sola y lo voy a hacer. Ya no necesito que me acompañes más.

Y lo hizo. Así estuvo haciendo el trayecto Ferrol - La Coruña, durante todo el año 1.974 que duraron las prácticas.

En el año 1975, una vez terminadas las prácticas en La Coruña, empezó su peregrinación por hospitales y clínicas de la zona de Ferrol, para ver si necesitaban una enfermera.

Después de unos cuantos días de visitas, al ir al Instituto Social de la Marina, le dijeron que presentara toda la documentación que se especificaba en un impreso que le entregaron y que, una vez presentado, en unos días recibiría respuesta. Al cabo de unos días llegó la respuesta: «Queda UD: ADMITIDA».

Estaba contentísima, radiante de alegría, era el primer trabajo serio que tenía. Allí estuvo más de un año. Los médicos encantadores, ella me contaba «a ver Elena, deme temperatura, tensión etc., y yo le iba dando los datos rápidamente. Después me decían, cójale una vía.»

Estaba muy contenta con su trabajo y llegaba a casa feliz de lo mucho que aprendía. Elena era una persona normal, pero maravillosa.

Me decía, «hoy tuvimos esto y el médico me dejó que lo hiciera yo, pero no me quitaba ojo, hasta ver que lo hacía bien. A veces me decía, no, "Elena, pon el vendaje un poco más arriba. Si, así. Lo haces muy bien". A los pocos días los médicos dejaron de observar como lo hacía y sólo se limitaban a decirme "hazle la cura y cambia el vendaje"». Aprendió a hacer unos vendajes impecables.

En el año 1976, concretamente el 23 de agosto, nació nuestro segundo hijo y le pusimos de nombre Javier.

Javier pesó al nacer cuatro kilos. Fue un niño muy grande y a Elena tuvieron que practicarle la cesárea. Como no estaba el médico, que era el mismo que le atendió a su hija, le tuvo que atender otro médico. Según este médico, que le hizo la cesárea «todo había salido bien» pero Elena se quejaba de dolor y cuándo regresó su médico, le contó lo que pasaba.

Después de una exploración, consideró que había que operarla de nuevo, ya que las costuras no estaban bien realizadas, pero, lo que es peor, tampoco las había realizado en el sitio adecuado. Cortó y suturó de nuevo, pero, a pesar de esa segunda operación, no pudo solucionar toda la mala práctica que había realizado su compañero.

La parte buena, es que el niño estaba sano y en perfectas condiciones.

Su hermanita, que aún no tenía ni tres años, quería que se lo dejásemos ver a cada momento. Si venía una visita a ver al niño, ella estaba metiendo la cabeza para volver a verlo.

En casa ya había más alboroto. A la niña le habíamos comprado una pelota y no la soltaba por nada del mundo. Cuando regresaba del trabajo, la niña venía corriendo para que jugara con ella a la pelota.

Me ponía en un extremo del pasillo, un poco agachado y con las piernas algo abiertas, le decía: «dale una patada fuerte a la pelota, a ver si metes un gol». A la segunda o tercera patada, la pelota se colaba entre mis piernas y yo me caía al suelo diciendo «me metió un gol, me metió un gol...»

La niña, dando gritos, corría a la cocina para contarle a mamá que me había metido un gol. Esto se repetía, sin fin, una y otra vez, porque era insaciable de goles y gritos. Su madre me miraba y me regalaba olas de sonrisas, una tras otra. Sólo tenía fin cuando Elena decía «la cena está lista». Una vez casi se quema la cena, porque en vez de atender la cocina, como era tan fan nuestra...

A todo esto, en la Seguridad Social, seguían sin hacer concursos de oposiciones y las enfermeras trabajaban donde podían. Pero llegó un momento en que se encontraron que necesitaban personal y no lo tenían.

Se corrió la voz, de que permitían a las enfermeras trabajar en la Seguridad Social, aún sin oposiciones, pero sólo con el fin de hacer sustituciones, para cubrir bajas o vacaciones, pero en calidad de eventuales, no fijas.

La clínica del centro del Instituto Social de la Marina, en la que Elena trabajaba, la cerraban y, entonces, Elena decidió apuntarse en la lista de la Seguridad Social, con el fin de poder trabajar realizando sustituciones.

Prácticamente sucedió casi al mismo tiempo, el cierre de la clínica del Instituto Social de la Marina y el hecho de apuntarse en la lista de las sustituciones de la Seguridad Social.

Como yo le decía «Elena, perdiste un trabajo, te apuntaste a una lista y yo creo que te van a dar trabajo enseguida. El día que perdiste tu trabajo, te cogió la ola y te lleva derechita a otro sitio, donde te van a dar trabajo, ¡qué suerte tienes!, míralo así» y nos reíamos los dos.

Me dijo:

—Voy a apuntarme.

—Sí —le dije— tienes coche y puedes ir a donde te manden.

—Sí, es que yo lo que quiero es trabajar.

Aquello no era la panacea. Podían ser ocho días de trabajo, o un mes. No sabía lo que le iban a dar, pero Elena aceptaba todo lo que le daban y, además, muy agradecida. Aunque le dieran un solo día, de una sustitución, siempre llevaba la sonrisa en la cara.

Así, en el año 1977 empezó a trabajar en Mugardos, Ares, Moeche, Ares de nuevo y otra vez Moeche, etc. Eran dos o tres días en un sitio, quince días en otro, una semana en el siguiente, e, incluso a veces, un mes completo.

Estaba muy contenta, ella le dejaba de día los niños a su madre e iba y volvía cada día. Trabajaba generalmente de mañana y, después, ya estaba en casa con los niños, que a veces los llevaba de paseo. Cuando regresaba a casa, la niña se ponía a dar gritos de alegría y el niño, que entendía la señal, se ponía a llorar para que su madre fuera deprisa hasta donde él estaba.

Estaba tan a gusto trabajando, que me decía:

—¿Sabes que mañana me voy de vacaciones a Ares?

—¿Es por mucho tiempo?

—Sí, hasta el próximo sábado.

—¡Carai, menudas vacaciones! ¡que te lo pases bien! pero no te olvides la toalla.

—¿Por qué?

—Porque vaya donde vaya, lleve siempre toalla.

Y se echaba a reír.

Después de ir varias veces a Ares, sucedió que un día le dijeron que le iban a dar Ares por varios meses, no sabían exactamente cuántos, desde luego hasta después del verano ya con seguridad, pero incluso podría pasar un año entero allí.

Se lo comentó al médico de Ares y éste le dijo: «Elena, si te dan así unos cuántos meses, te presto yo mi casa, porque yo acabo de hacer un chalé y ya nos estamos trasladando a él. Puedes venir con tu madre, los niños y con tu marido y así no tienes que ir y venir todos los días».

Cuando ya le dijeron que tenía que empezar en Ares, nos fuimos allí y el médico nos enseñó su casa. Estaba perfecta, pero le pedí permiso para pintar el techo de la cocina, el techo del baño y una de las habitaciones. Me dijo que sí, que hiciera lo que quisiera. Sólo tuvimos que traer un colchón y alguna otra cosa, y nos fuimos, esta vez sí, de vacaciones a Ares. Estábamos todos encantados y los niños contentísimos.

A los quince días de estar allí instalados, le comunican a Elena que un compañero de ella reclama hacer allí en Ares esa sustitución, por tener más antigüedad que ella y que tiene que dejarle el puesto a ese compañero. Se lo comentó al médico y el médico le dice: «en las sustituciones no hay antigüedad, sino orden de lista y si te avisaron a ti es que te correspondía a ti. Eso más bien me parece una cacicada».

Elena no era de meterse en líos y aceptó dejar de trabajar allí. Se lo comentó a su hermano Jaime que era ATS y le dijo: «ven a cubrir mi puesto a Paderne, que quiero irme de vacaciones y no me encuentran sustituto». Allá se fue, a Paderne.

A los pocos días, le llamó el medico de Ares, diciéndole que el compañero que le sustituyó en Ares se fue, y ahora no encuentran a nadie para cubrir la plaza y Elena le dijo que ahora mismo ella estaba en Paderne y no podía ir a Ares.

# CAPÍTULO 8

# COMO LA VIDA MISMA

No fue hasta marzo de 1996, en que le dijeron que ya no iban a enviarla por ahí a hacer sustituciones.

Es que querían que se quedase en principio en el ambulatorio Fontenla Maristany de la Plaza de España en Ferrol.

Menuda alegría que tuvo. Nosotros vivíamos al lado del ambulatorio y eso era genial. Sólo tenía que bajar las escaleras y entrar en el trabajo, más cerca imposible.

También nos dimos cuenta más tarde, que, para la dirección, ella era también una gran ventaja, ya que, en alguna ocasión, por el motivo que fuera, alguna enfermera avisaba que no podía incorporarse a su turno de trabajo, la avisaban a ella y en menos de dos minutos estaba en su puesto de trabajo. Era mutuo beneficio para ambas partes.

Elena me decía: «lo más importante de estar aquí en el ambulatorio, al lado de casa, es que soy feliz y, además, tengo a mi familia aquí, para cuidarla y amarla. Nunca me imaginé que podría tener las dos cosas a la vez».

Después, en el año 1998, la pasaron al punto de atención Ingeniero Comerma, en el muelle de Ferrol, pero dependiente del Ambulatorio Fontenla Maristany. Le indicaron, que no sabían por cuánto tiempo iba a estar allí.

Por lo que yo sé, ese fue el sitio, en donde más disfrutó trabajando. En ese punto de atención había mucho trabajo, toda la zona del muelle de Ferrol, más después desde la Graña hasta San Jorge. Elena se desplazaba con su coche, todos los días, al igual que el médico, para poder atender a todos los pacientes. Y, además, tenían que administrar las vacunas a los marineros de los barcos.

Lo que más le gustaba era trabajar en el rural y allí podía compaginar el rural con el punto de atención. Allí estaba el doctor D. Manuel Ramos, como enfermera Elena y como ordenanza el Sr. Turo.

Las cosas mejoraron mucho para Elena, iba todos los días al Punto de Atención Ingeniero Comerma de Ferrol y, aunque seguía eventual, se encontraba muy a gusto en ese trabajo.

Elena me decía que el doctor Ramos, tenía muchos conocimientos, y que acertaba con sus pacientes en el tratamiento de sus dolencias. Ella creía que lo querían tanto sus pacientes, por ese motivo. «Fíjate, es que cuando falta por que está de vacaciones o por otro motivo, los pacientes dicen, "¡ah!, no está, pues nada, ya volveré cuando él regrese"».

Los tres formaban un equipo genial y seguían al pie de la letra las órdenes del médico, por lo que nunca tuvieron ningún problema y todo el trabajo se hacía con alegría.

Claro que el ordenanza Turo, o Turocho como le llamaban algunos cariñosamente, era también una persona excepcional y con su simpatía natural, ayudaba mucho a crear ese clima de concordia.

Me contaba Elena que cuando tenían que ir a domicilios, ya procuraban no coincidir los dos fuera al mismo tiempo, pero alguna vez venía un paciente y faltaba el médico o la enfermera y esa persona tenía que esperar a que regresara.

A veces se juntaban allí varias personas y, entonces, Turo sacaba su armamento de anécdotas, chistes o cosas graciosas que se le ocurrían y así conseguía que el tiempo pasara inadvertido.

Elena era una persona especial, ya que allí por donde pasaba, dejaba huella. A todos les regalaba una sonrisa y unas palabras de paz y tranquilidad, les dejaba siempre esa sensación de bienestar.

Cuando estaba escribiendo estas líneas, se me ocurrió acercarme al punto de atención del muelle, con el fin de ver si aún seguían allí el doctor Ramos y Turo.

Efectivamente, el doctor Ramos estaba allí en su puesto de trabajo y estuve charlando un rato con él y le comenté que estaba escribiendo un libro sobre Elena y me dijo lo siguiente:

«*Elena fue siempre muy agradable en el trato a los pacientes. Muy responsable en su trabajo, siempre pendiente y con el teléfono operativo, incluso fuera de su horario de trabajo. Empatizaba mucho con los pacientes.*»

Noté que todas estas cosas me las decía con el corazón. Sé que tanto el doctor Ramos, como Turo y Elena, hacían que los pacientes, a pesar de estar enfermos, allí se mostraban como si estuviesen sanos.

Me comentó el doctor Ramos, que Turo ya se había jubilado y, aunque me dio su teléfono y lo llamé varias veces, no pude comunicarme con él.

Elena, cuando estuvo allí y en todas las ocasiones que estuvo en el rural, cuando tenía algún paciente en concreto con un problema que requería tiempo y de difícil solución, iba ella personalmente a hacerle las curas en festivo o los domingos.

Lo recuerdo perfectamente, porque cuándo los niños eran pequeños, me decía:

—Cuando despierten, les preparas el desayuno y se lo vas dando, que yo regreso enseguida y ya tengo todo preparado para ir a la playa.

Yo le decía:

—¿Pero no hay un servicio de urgencias para hacer eso?

—Sí que lo hay, pero te explico, el caso concreto de esta señora, a la que voy a hacerle la cura en la rodilla, los médicos iban a amputarle la pierna. Habían probado, incluso ingresada dentro del propio hospital, con todos los tratamientos posibles, para intentar salvársela, pero sin resultados. Entonces, fijaron fecha para la operación, pero hubo que retrasar esa fecha, por motivos que desconozco y la señora pidió que la dejasen volver a su casa hasta que fuese el día señalado. Se lo permitieron y me avisaron a mi para que, de momento, le realizase las curas en la pierna.

Elena habló con su hermano Jaime (que era A.T.S.), y le explicó el caso de esta señora. Su hermano le habló de que había una pomada nueva en el mercado, que era muy buena, pero que no entraba en el seguro médico. Elena se lo dijo a la señora y la señora le dijo que probara a ver qué pasaba. Habló con los médicos y le dijeron que si la señora estaba de acuerdo en pagarse ella su propia medicina, que probara y que cada dos días les informara de cómo iba, pero que ellos creían que iba a hacer el mismo efecto que las otras.

El caso es que la pierna de la señora empezó a recuperarse. Me dijo Elena:

—Yo, ahora mismo, además de esa nueva pomada, le estoy haciendo un vendaje especial, que no se lo pongo ni muy apretado, ni muy flojo, como para que se caiga. Este vendaje me lo enseñó a hacer un médico que estaba en el Instituto Social de la Marina, cuando yo estuve trabajando allí. Si le cambian la pomada, o le ponen el vendaje apretado, adiós a todo el trabajo que estoy haciendo. Yo les voy informando a los médicos de los progresos que voy consiguiendo y ellos siguen pendientes de amputar.

»Además, esa señora tiene una tienda muy cerca del punto de atención del muelle, donde vende verduras, patatas etc. y, quizás, le pasó eso en la rodilla porqué está todo el día de pie. Si le cortan la pierna, tiene que dejar la tienda, que es su único sustento. Si le pasa eso ¿de qué va a vivir?

»Y la señora que atiendo en el otro lado, tiene un hijo que debe de tener cerca de veinte años, pero es como si tuviera cinco. Ella lo cuida, pero si yo no la curo a ella ¿quién se va a hacer cargo del niño? Necesito atenderla por encima de todo.

Le di un abrazo y le dije:

—Elena, atiéndelas lo mejor que puedas y tómate el tiempo que necesites. Nosotros tenemos todo el día para ir a la playa y, además, los niños no aguantan todo el día en la playa.

Sé que a la señora de la tienda no fue necesario amputarle la pierna y se curó completamente. Me enteré también de otras personas que logró que se curaran, pero no sé quiénes son ni donde viven.

Lo que, si sé, es que todas estas cosas que ella hacía, era un motivo más para admirarla y quererla un poco más cada día.

# CAPÍTULO 9

# EL DEVENIR DE LA VIDA.

Cuando nuestros hijos eran pequeños, un día le comenté a Elena:

—¿Qué te parece si buscamos un sitio y compramos un terreno?, para hacernos una casita en el campo. Así los niños podrán correr por el campo, jugar y nosotros no tendremos que recoger todo y meterlos en el coche para volver a casa.

—No hace falta que busques nada, me dijo inmediatamente, sé yo de un sitio y vamos a ir allí ahora mismo.

—Pero ¿dónde es?

Se rio.

—Ya lo verás.

—¿Es en Cobas?

—No.

—Será en Ares, entonces.

—Deja de hacerme preguntas y ya te cuento por el camino. Mira, cuando yo era pequeña no tenía apetito y no comía bien. Entre los vecinos de casa de mis padres, está una señora que se llama Amada. Pues resulta que esta señora tenía su familia en una zona que hay antes de llegar a Cedeira, que se llama Esteiro, y todos los veranos iba allí a casa de su familia.

»Amada les propuso a mis padres llevarme a mí con ella y que pasara allí el verano. A mis padres les pareció buena idea y dio resultado. El señor Guillermo era el patriarca de la familia y yo, sobre todo, andaba con Teresita. Era una casa de campo donde había gallinas, patos, cerdos etc., como en casi todas las casas de campo, además de manzanos, perales, pesegueiros, higueras, etc. Te enseño los terrenos que hay por allí, que son los que me gustan y tú te encargas de comprar uno de ellos.

En esos tiempos, no era sencillo comprar un terreno en el campo en Galicia, ya que las tierras se utilizaban para plantar hortalizas o árboles, y no era tarea fácil que se desprendieran de una tierra.

Pero en la empresa de mi familia había un trabajador que era de esa zona y, gracias a él, logramos que nos pusiera en contacto con la persona que tenía muchas tierras en esa zona, y, después de varios días, logramos realizar la compra satisfactoria para ambas partes. La verdad es que siempre se portaron muy bien con nosotros.

El muro de cierre de la finca lo hicimos entre Elena y yo durante los fines de semana. Traíamos a los niños, jugaban por el campo y nosotros poquito a poquito íbamos haciendo el cierre del terreno. Después, contratamos a una compañía para poner los postes de hormigón para el tendido eléctrico y, una vez puestos, regalárselos a la compañía eléctrica, para que nos suministraran electricidad, cobrándonos por kilovatio consumido. Antes era así como funcionaba y creo que ahora sigue siendo así. Tú pagas todo, después te suministran energía y te cobran por la energía que gastes.

También contratamos la construcción del garaje y la estructura de la casa.

Así empezamos a venir a menudo. Como la finca daba al mar, podíamos bajar a la marea, como decían los niños. Si queríamos ir al monte, sólo teníamos que salir al camino y pasear por el monte.

Aunque lloviera, teníamos un sitio donde cobijarnos, electricidad, agua y mucha, pero mucha, felicidad. El único ruido era el canto de los pajaritos.

Elena se encargaba de hacer la comida, cocinaba muy bien, tanto hacía un rape con guisantes, como una paella o algo a la parrilla y muchas veces venían sus padres o los míos y también alguna que otra vez venían sus hermanos o los míos.

Los niños se lo pasaban genial con los abuelos o con los tíos. Si hacía buen tiempo, bajábamos al mar y los niños cogían berberechos, almejas o cangrejos. En aquella época dejaban coger todo ese tipo de marisco y lo había en cantidad, actualmente está prohibido y apenas hay nada, o por lo menos de eso se quejan los mariscadores.

Toda esta felicidad se truncó repentinamente cuando el padre de Elena, Manuel Touriño, papá Lolo como le llamaban los niños, se puso gravemente enfermo y tuvo que ser ingresado de urgencia en el Hospital Gómez Ulla de Madrid.

Durante la guerra civil española, el padre de Elena pertenecía a la marina y estaba destinado en el crucero Canarias. En uno de los días que estaban patrullando por la zona del estrecho de Gibraltar y ya estaba oscureciendo, el barco recibió el impacto de un proyectil, por estribor y cerca de popa. Él, que estaba en cubierta, vio como un compañero, por efecto de la onda expansiva, salía despedido y caía al mar.

Instintivamente se lanzó desde la cubierta del barco al mar, con la intención de salvar a su compañero. Nadó hasta él y logro alcanzarlo, pero también pudo ver como el barco se alejaba. Nadie en el barco se había percatado del incidente en ese momento, simplemente el capitán había seguido su instinto de apartarse del peligro y ponerse a la defensiva.

Su compañero estaba herido y no podía nadar, a duras penas podía agarrarse a él para no irse al fondo. Se puso al compañero a la espalda y comenzó a nadar hacia donde veían unas pequeñas luces de la costa española. El señor Touriño era alto joven y fuerte, pero era una tarea muy difícil de llevar a cabo. Lucharon toda la noche por permanecer a flote y se animaban ellos mismos cuando decían, ya está más cerca, ya queda poco. Al amanecer lograron llegar a tierra y tuvieron la suerte de encontrar gente para pedirles ayuda.

Los llevaron a un hospital y lograron salvarles la vida a los dos, pero a D. Manuel Touriño tuvieron que extirparle un riñón, ya que debido al esfuerzo realizado, lo había dañado de tal forma que no había otra solución.

Desde aquel entonces, D. Manuel Touriño, siguió trabajando con normalidad con un solo riñón, pero teniendo en cuenta de seguir todas las indicaciones que le daban los médicos.

Ahora, ya transcurridos muchos años desde aquel incidente, el único riñón que le quedaba ya no respondía bien, además de otros achaques propios de la edad y se debatía entre la vida y la muerte en el hospital Gómez Ulla de Madrid.

Allí se fueron sus hijos, Víctor, Jaime y Elena a visitarlo, pero no había muchas esperanzas. Estaba en la UCI del hospital y en coma. Después de unos días en esa situación y no haber mejoría, decidieron turnarse y primero fue Víctor el que quiso quedarse allí en el hospital.

Elena y su padre eran uña y carne. Elena adoraba a su padre y su padre la quería con locura, era su ojito derecho.

Después de varios días en que la situación no cambiaba, Víctor habló con Elena y le dijo que ya no podía estar más tiempo allí. Elena le dijo «no te preocupes, ya voy yo para ahí». Lo habló conmigo y yo le dije, mira voy a ver qué vuelos hay a Madrid y te saco un billete para el primer vuelo, porque estoy pensando ir yo a Madrid en coche el viernes y después quedo yo ahí contigo unos días, y ya regresamos los dos juntos.

La llevé al aeropuerto y le dije, «cuando llegues a Madrid, coges un taxi para ir al hospital». Fui a hablar con mis padres y les comenté las últimas novedades sobre la situación de mi suegro. Les dije que el viernes iba a ir yo también a Madrid para no dejar sola a Elena en esa situación. Mis padres me dijeron «pero ¿cómo la dejaste ir sola? ¿cómo no la llevaste tú a Madrid? Organiza todo en la fábrica y vete cuanto antes a Madrid».

Salí de Ferrol muy temprano, no recuerdo qué hora era, pero serían sobre las cinco de la mañana. Sé que llegué a Madrid antes de las doce del mediodía. Elena se sorprendió al verme y me dijo:

—Pero ¿qué haces tu aquí?

—Mis padres, no querían que te dejara sola en estos momentos tan difíciles.

Nos dimos un abrazo.

—¿Qué tal sigue? —le pregunté.

—Igual, sigue en coma.

—¿Podemos ir a verlo?

—No, bueno sí. Vamos a ver como está. En la UCI no podemos entrar a verlo, salvo en algún momento que nos autoricen, pero hay que ponerse la bata, mascarilla, guantes, etc. Ahora podemos pasar por el pasillo que da a la UCI y, al llegar a su altura, hay una ventana de cristal fijo, desde donde, a través de ese cristal, podemos verlo a él en su camilla, todo intubado y con la mascarilla del oxígeno.

—Bien, vayamos a verlo a través del cristal.

Llegamos a la ventana y dije:

—Impresiona un poco.

— A mí me impresiona más el hecho de estar aquí sin saber si va a despertar o lo que va a pasar.

—Elena ¿qué te parece si salimos a pasear un poco por los jardines?

—A mí me parece bien, porque estar aquí encerrada...

Bajamos y empezamos a pasear por los jardines del hospital.

—No puedo creer que estés aquí conmigo —me dijo.

Nos abrazamos y nos dimos un beso.

Después de una hora o algo más, me dice:

—Yo creo que debemos subir, porque en una situación así, nunca se sabe lo que puede pasar.

—Sólo ha pasado poco más de una hora.

—Sí, no hemos estado mucho tiempo fuera.

Al llegar arriba, nos fuimos directos a la sala de espera y, al momento, llegó una auxiliar y nos dice:

—Los andaba buscando, es que acaba de pasar algo con su padre.

—¿Qué pasó? —le pregunta Elena

—Pues que acaba de fallecer. Aún está aquí, si quieren verlo, aún no lo han bajado al tanatorio. Están preparando todo para bajarlo.

Muy serios lo fuimos a ver y, después de unos minutos delante de él, Elena me dice «Mi padre ya no está aquí, lo noto yo, sólo son sus restos».

Llegó el médico y nos dio sus condolencias. Nos dijo «quizás fue lo mejor para él, ya que la situación en que se encontraba era muy complicada». Nos indicó las oficinas para arreglar todo el papeleo y organizar su traslado a Ferrol. Tenía 73 años.

—Domingo, el hecho de que tú llegaras antes de lo previsto y me sacaras a dar un paseo por los alrededores del hospital, no fue una casualidad. No sé quién, pero algo o alguien hizo que pasara esto.

»Mira, lo que más temía era que me avisaran para verlo morir. No creo que lo hubiera soportado. Tú sabes que yo tengo una arritmia cardiaca, y el cardiólogo me previno diciéndome que un acontecimiento fuera de lo normal me podría producir un infarto fulminante, y has llegado tú con el tiempo justo para sacarme de aquí.

Nos dimos un abrazo. Estaba agradecido, porque la vida nos había dejado un enamoramiento sólido y duradero. Nosotros nos teníamos el uno al otro.

Al día siguiente por la mañana salimos detrás del coche fúnebre y paramos a comer por el camino. Les pregunté cómo iban a hacer para llegar a la hora que habíamos quedado con la familia en el cementerio.

Me dijeron que esa ruta ya la habían hecho otras veces y que el truco consiste en que llevan en una libreta apuntados una serie de lugares, por los que van a pasar y a la hora que tienen que pasar por cada uno de esos lugares. A medida que van llegando a cada uno, saben si tienen que aumentar un poco la velocidad o disminuirla. Cuando estén cerca, deben de llegar un poco antes de la cuenta e ir más despacio. De ese modo llegaremos a la hora prevista a Ferrol.

El cementerio estaba lleno de gente, claro. Era una persona muy conocida y a mí también me causó sensación el ver a los trabajadores de nuestra empresa también allí.

Fue un duro golpe para todos y sobre todo para la madre de Elena, que se quedó sola. Aunque no por mucho tiempo, ya que Elena y yo hablamos al darnos cuenta de la necesidad que tenía de estar acompañada. Después de decirnos que no unas cuantas veces, que ella estaba muy bien en su casa, por fin aceptó a venir a vivir a nuestra casa.

No teníamos ningún problema de espacio, ya que por aquel entonces nuestros hijos ya estaban en la universidad.

Pero durante todo ese tiempo, tampoco fue todo color de rosa. En enero de 2004 falleció mi madre Josefina, de forma casi repentina. Acontecimiento que también nos causó un gran dolor a ambos. Ya sabemos que esto es ley de vida, pero no sé por qué, siempre nos pilla por sorpresa.

Manola, o mamá Lola como la llamaban nuestros hijos cuando eran pequeños a la madre de Elena, ya llevaba bastante tiempo viviendo con nosotros al fallecer mi madre.

Mi padre, al quedar solo, también quiso venir a vivir a nuestra casa. No había ningún problema. Sólo teníamos que organizarnos.

Manola, además de la tele del salón, tenía otra más pequeña en su habitación, sobre todo para ver los partidos de fútbol. Le quitaba el volumen a la tele, ponía la radio para oír el partido y, de paso, ver en la tele lo que pasaba. Un par de días a la semana salía con una amiga de su misma edad, que unas veces venía ella a buscarla y otras veces iba ella a casa de su amiga. Se iban las dos de paseo, a la cafetería o de compras.

A mi padre, como nuestro piso era un dúplex, lo instalamos en la parte de arriba, donde también tenía una tele, pero a él no le interesaba para nada el fútbol y prefería series de acción como "El Equipo A" o similares. También se encargaba del cuidado de las plantas de la terraza.

Todos los días venía mi hermano Pepe, y salían los dos a pasear. A mi padre el médico le había recomendado que, cuando saliera de casa, llevase un bastón, con el fin de evitar una caída en la calle.

Mi hermano lo solía llamar a través del portero, y mi padre bajaba los cuatro pisos por las escaleras. Cuando estaba llegando abajo, volvía a subir y, al preguntarle qué pasaba, decía «es que al llegar abajo me di cuenta de que no llevaba el bastón y subí a por él».

Tuvimos que contratar a una chica para que los atendiera durante el tiempo que, debido a nuestros trabajos, nosotros estábamos fuera de casa.

Decidimos instalar un ascensor en la casa, ya que a la madre de Elena le costaba mucho esfuerzo subir y bajar las escaleras. Pero no sólo por eso, mi padre ya tenía más de noventa años y a nosotros tampoco nos parecía una diversión subir los cuatro pisos. En los demás pisos tampoco era por amor al arte subir las escaleras y, por unanimidad, se acordó poner un ascensor en el edificio. Fue un gasto importante, pero una bendición para todos.

Tiempo más tarde, en el año 2.007, al llegar a casa me dice Elena:

—Mi madre está muy mal.

—¿Sí? ¿qué le pasa? —le pregunté.

—Pues que son los años y todos los achaques que tiene, son cosas de la vejez.

Llamé al médico y vino a verla. Me dijo que estaba muy mal, le pregunté incluso si habría que llevarla al hospital y me dijo que eso lo decidiera yo, pero que en el hospital no le iban a hacer nada, porque nada había que hacer. «Posiblemente no pase de esta noche».

—¿Qué hacemos? —le pregunté a Elena.

—Nada, tu acuéstate y yo me quedaré toda la noche con ella en su habitación.

—Pero ¿quieres que me quede yo ahí también contigo?

—No, porque pase lo que pase, uno de los dos tiene que estar despejado, para mañana resolver todo lo que sea necesario.

Elena se quedó toda la noche con su madre en la habitación y a las seis de la mañana me despertó y me dijo «acaba de fallecer. Voy a comunicárselo al médico y después avisar a la funeraria».

Nos dimos un abrazo y me quedé con Elena para organizar todos los preparativos. Tenía 96 años.

Un año más tarde, en 2008, falleció mi padre. El día anterior había estado el médico porque estaba muy fatigado y un poco pálido. Nos dijo que el corazón no estaba funcionando todo lo bien que debiera y que era mejor que en un par de días no saliera de casa y que guardara reposo.

El médico le dijo, «usted lo que necesita es estar un par de días en reposo, descansando en casa. Si quiere dar un paseo hágalo por aquí por dentro de la casa».

Al día siguiente, no se levantó para desayunar y Elena fue a ver que le pasaba y es que había fallecido mientras dormía.

Había nacido el año 1.908 y solamente le faltaban unos meses para haber cumplido los 100 años.

Mi padre había nacido en El Rosal (Pontevedra), un pueblecito al lado del río Miño, cerca de La Guardia y fronterizo con Portugal (río en medio).

Al comunicarle el fallecimiento a sus parientes de El Rosal, su sobrina Mary Gloria, me pregunta «¿y de qué murió? seguro que fue un accidente, es que aún no cumplió los 100 años. No puede ser que muriera tan joven».

Esta pregunta tenía una explicación, ya que el resto de los familiares, no tenían por costumbre morirse hasta muchos años después de haber cumplido los 100 años. Es que se les daba fatal morirse.

Todos estos hechos luctuosos, se correspondían con el devenir de la vida, tanto Elena como yo teníamos unos padres muy mayores en relación con nuestra edad.

En medio de estos acontecimientos y unos años atrás, Elena se vio envuelta en una serie de sucesos en su puesto de trabajo.

# CAPÍTULO 10

# AVATARES DE UNA EXISTENCIA

Así, el trabajo en el punto de atención Ingeniero Comerma de Ferrol, terminó para Elena súbitamente en diciembre de 2005, cuando otra enfermera, que tenía más puntos que ella, solicitó su plaza.

Tuvo que incorporarse en enero de 2006, al área de Hospital de Día "Oncología" del Hospital Arquitecto Marcide de Ferrol. Elena era eventual y de momento seguía sin haber oposiciones.

Fue un mazazo para ella, nunca había trabajado en hospital. Dominaba el rural, sabía más que nadie como curar heridas, colocar huesos en su sitio y hacer vendajes de forma eficaz. Pero no tenía ni idea de cómo manejar las máquinas del Hospital de Día, ni de cómo administrar los tratamientos de quimioterapia. Intentaba que alguien le explicara, cómo funcionaba cada cosa, pero el caso es que, debido a la cantidad de pacientes, apenas había tiempo para explicaciones. Tenía que aprender a medida que veía lo que hacían los demás.

Yo le comenté:

—¿Y no tendrás que hablar con alguien?, para que te pongan en un puesto más acorde con tus conocimientos.

—No —me dijo— esto aquí no funciona así. La dirección, no tiene culpa de que yo no conozca el funcionamiento de las máquinas, ni los procesos que se tienen que seguir para la realización de este. La que tiene que prepararse soy yo. Ahora mismo, ya voy anotando todo lo que hay que hacer en cada circunstancia. ¿Recuerdas los cursos que hice gracias al Plan de Formación Continua? cuando trabajaba en el rural. Bien, pues aquí no me queda más remedio que hacer algún curso que haya específico para este cometido.

Así, ya en febrero, participó en un curso de «Técnicas Específicas» y, posteriormente, hizo el curso de «Enfermería Oncológica»

Estuvo en el turno de mañana, y en poco tiempo logró ponerse a la altura de las otras enfermeras que llevaban más tiempo en oncología.

Una vez más volvía a demostrarme que sabía coger al toro por los cuernos. Con tenacidad, trabajo y mucho esfuerzo, logró demostrarnos a todos que podía hacerlo y lo hizo.

Allí, entre otros médicos oncólogos, conoció a la doctora Pellón Augusto, que le cayó muy bien, sobre todo porque, además de ser una oncóloga que sabía lo que hacía, siempre iba con la verdad por delante. Después sería su oncóloga, cuando Elena pasó a ser un paciente oncológico más.

En esas fechas hubo un aumento considerable de pacientes oncológicos, en parte, quizás, debido a que los responsables sanitarios tomaron conciencia del problema y pusieron en marcha los programas de detección precoz.

Creo yo que, por ese u otros motivos, las máquinas no eran suficientes para tanto paciente, a pesar de que algunos ya eran desviados a otros hospitales. Entonces, crearon un turno de tarde con el fin de atender aquellos pacientes que no les daba tiempo a finalizar el tratamiento en el turno de mañana, más algunos otros provenientes de otras especialidades, Nefrología, Neurología, Digestivo, Neumología, etc.

A Elena la pusieron en el turno de tarde. El problema es que sólo la pusieron a ella como enfermera y a una auxiliar. No había ningún médico, ni nadie más.

Además de atender a los pacientes que no habían finalizado los tratamientos hematoncológicos del turno de mañana, tenía los de otras especialidades. Además, acudían los pacientes con reservorio subcutáneo, para su mantenimiento y heparinización, así como para la retirada de infusores, que se realiza a los dos días de tratamiento en su domicilio.

Los tratamientos citostáticos, son sumamente agresivos y, mientras se administran, es necesario un seguimiento especial debido a su toxicidad y a la frecuencia de reacciones anafilácticas, con graves consecuencias.

Era la única enfermera para realizar ese trabajo. Había frecuentes situaciones en que estaba desbordada, resultando imposible trabajar correctamente, con el consiguiente riesgo.

Ella me decía que los pacientes son seres humanos indefensos, que se confían a los profesionales sanitarios, para que resuelvan cualquier situación grave que se pueda presentar y yo, en estas condiciones, no soy capaz de atender a todo.

Entonces, solicitó que se completara el turno de tarde con otro profesional de enfermería. El trabajo era abrumador, pero no pusieron a nadie más en ese turno. Le facilitaron un número de teléfono, para llamar en caso de presentarse una emergencia.

Menos mal que, al otro lado de ese número de teléfono, había una persona muy competente. Elena me comentó quién era, pero yo no me acuerdo de su nombre. Sé que era uno de sus jefes de la Dirección de Enfermería y que siempre que tuvo que llamarlo, vino y supo en todo momento lo que tenía que hacer y solucionaba el problema fuera lo que fuera. Elena me decía que esa persona era genial.

También esa persona se daba cuenta de que Elena estaba realizando un esfuerzo mayor del que podría esperarse y que casi nunca salía a su hora. Pero, por lo visto, ya por aquel entonces, había una escasez de personal.

Elena, de todas formas, se armó de valor y luchó lo que pudo por sacar adelante su trabajo. Llegaba a casa destrozada, no solamente por el trabajo diario tan duro, sino también por el hecho de ver a los pacientes que entraban más o menos bien, para ponerse el tratamiento, pero después, al finalizar, algunos de ellos tenían que ser ayudados por la auxiliar o por un familiar, porque no eran capaces de salir por su propio pie.

Elena en sus trabajos anteriores, cuando atendía a un paciente, en general, el paciente salía mejor de lo que estaba antes de atenderlo. Aquí parecía pasar todo lo contrario.

Un día se le ocurrió preguntar por una paciente, que ya había estado allí cuatro o cinco veces y le pregunta a la auxiliar:

—¿Qué tal le habrá ido a fulanita?

—Pero ¿no lo sabes? esa, ya está bien, sí, ya está tranquila.

Dándole a entender que ya había pasado a mejor vida. Nunca más se le ocurrió volver a preguntar por nadie.

Todas estas cosas, añadido a la circunstancia de que estaba en un sótano, minaron su vida y empezó a enfermar, pero enferma y todo, iba a su trabajo.

Hubo un rayo de esperanza y por fin, después de esperar años y años, anunciaron que convocaban oposiciones para dentro de unos meses. Se presentó y aprobó. Pero aún no sería hasta mucho más tarde el que la destinaran a otro lugar.

Siguió trabajando incansablemente, hasta que no pudo más y cayó muy enferma. En principio, los médicos no sabían lo que le pasaba, pero los síntomas eran que le faltaba el aire y respiraba con mucha dificultad. En el pulmón le descubrieron unos pequeños puntitos, que analizados eran cancerígenos.

El informe médico, literalmente, dice:

"*Paciente que comenta cuadro de tos no productiva, acompañada de sensación de pitos en el pecho y episodios de disnea con ortopnea de aproximadamente 5 años de evolución que coinciden con su turno de trabajo en el hospital de día, de este centro, cuando trabaja con citostáticos y más concretamente en los últimos tres años, que tuvo turno de tarde. En días de baja laboral o vacaciones, la paciente mejora hasta encontrarse asintomática desde el punto de vista respiratorio.*"

Después de este informe, le llamó la Inspección de Trabajo de La Coruña, para citarla dos días más tarde y someterla a una inspección médica.

Le hicieron toda clase de pruebas y, al comprobar ese brote cancerígeno, le preguntaron si había estado en contacto con algún producto químico.

Ella les indicó que los únicos productos químicos que tenía en su casa, era un bote de lejía y detergente para limpieza del suelo y otro para la ropa de la lavadora.

Elena pensaba que podía deberse a los pequeños contenedores amarillos que se utilizan en oncología para meter las bolsas donde vienen los tratamientos para los pacientes, una vez que estos ya han sido utilizados.

—En el turno de mañana, son muchos los pacientes que hay y aunque también son muchos los contenedores amarillos, quedan todos casi llenos y con las tapas abiertas, de forma que los vapores que desprenden esos contenedores, es lo que yo respiro durante toda la tarde, hasta las diez de la noche o más tarde que me voy a casa. Eso es lo que me parece a mí —les dijo— además de estar en un sótano, que no dispone de ventilación directa con el exterior.

—Pudiera ser, de la misma forma que usted podría haber visitado una planta química y haberse contaminado.

—Pero yo no he visitado ninguna planta química, ni ahora ni en toda mi vida.

—Eso es lo que dice usted, pero nosotros no lo sabemos. Hemos comprobado que usted ha aprobado las oposiciones y la plaza fija que le ha correspondido es en el Centro de Salud de Cariño, (Coruña). En esa plaza deberá usted presentarse el día 13 de mayo de 2011. Usted, ahora ya no vuelva más a oncología del hospital.

—Pero si aún faltan muchos días —les dijo.

—No importa, pero no vuelva al hospital, déjese en casa descansando, o salga al aire libre y haga lo que le apetezca y no se preocupe, que seguirá cobrando igual que si estuviera trabajando.

Había pasado cinco años trabajando en oncología del Hospital Arquitecto Marcide.

Posteriormente tomó posesión de su plaza, como enfermera del Centro de Salud de Cariño el día 1 de junio de 2011.

# CAPÍTULO 11

# NUEVOS DESTINOS, ENFERMEDAD Y FALLECIMIENTO DE ELENA

Cuando Elena comenzó a trabajar en Cariño, empezó a mejorar muchísimo y todo cambió a mejor.

Tenía como compañera otra enfermera, que se llama Belén, que, además de ser una excelente profesional, enseguida colaboraban para que todo funcionara lo mejor posible y así poder atender a los pacientes como se merecían.

Los sábados también trabajaban, pero se turnaban. Según Elena me contaba, el trabajo era mucho, pero nada que ver con los casos de urgencia del hospital. Aquí podían ir un poco más tarde a un domicilio, aunque después llegase media hora o una hora más tarde a casa, estaba feliz trabajando en el rural, no le importaba lo más mínimo el llegar tarde a casa. Disfrutaba con su trabajo.

Enseguida pusieron otro médico y un enfermero más, ya que Cariño es un pueblo relativamente extenso y con muchas personas ancianas en casas aisladas del núcleo.

El Centro de Salud de Cariño, está pegado al mar, al igual que todo el pueblo, que está rodeado de mar por todas partes. En unos pocos años y con ese aire puro, Elena quedó completamente curada.

Al destinar a Elena a Cariño, ya decidimos venirnos a vivir definitivamente a nuestra casa de campo de Cedeira.

Cariño está a media hora de coche desde Cedeira y a nosotros siempre nos gustó Cedeira, ya que las personas de aquí son muy agradables. Si visitas a algún vecino, es fácil que salgas con una lechuga o un tomate en la mano. La gente comparte mucho y se preocupan unos por otros.

Después también ayuda el paisaje, ya que tenemos el mar a un lado y el monte al otro. Aquí hay más de lo que se puede desear.

Algunos días del año hay unas puestas de sol, que te encandilan. Recuerdo que una vez en la que estábamos dando un paseo, nos quedamos fascinados, cogidos de la mano, nos paramos mirando al mar con la puesta de sol al fondo.

Para mí tampoco representaba ningún problema el vivir en Cedeira, ya que en esas fechas trabajaba para el Instituto Español de Comercio Exterior (ICEX), en calidad de promotor de exportaciones. Es decir, para enseñarles a las empresas a exportar.

Aunque muchas de las empresas a las que tenía que asesorar estaban en polígonos industriales de Madrid, o de otros lugares de España, normalmente, salvo en determinadas excepciones, los fines de semana estaba en casa con Elena.

Eso sí, los lunes solía salir a las cinco de la mañana de casa para poder estar a primera hora de la tarde y tener ya una reunión con una empresa que estuviera en Madrid, o en otro sitio a varios cientos de kilómetros de casa.

También nuestros hijos habían terminado la universidad.

Nuestra hija M ª Elena terminó Arquitectura en Coruña. Se fue a Londres y estuvo trabajando en el estudio de Arquitectura de Richard Rogers Partnership. Conoció a Edward Stroud (Eddy), con el que poco después se casaría aquí en Cedeira. De ese matrimonio nació el 5 de octubre de 2009 Héctor, nuestro primer nieto.

Nuestro hijo Javier, también terminó su carrera y su doctorado en la Universidad de Vigo, con el título de Doctor Ingeniero de Minas. Al terminar su doctorado, la Escuela de Minas de Vigo lo contrató con carácter provisional, como Jefe de Laboratorio. Se casó en Vigo con Pilar Turco (Pili) y, poco después, el 23 de noviembre de 2014, nació Alejandro, nuestro segundo nieto.

Actualmente, Javier trabaja como profesor universitario en el Departamento de Ingeniería Metalúrgica y Minas de la Universidad Católica del Norte, en la ciudad de Antofagasta, en Chile.

Con todos estos acontecimientos, tanto Elena como yo, estábamos muy orgullosos y felices de nuestros hijos y nietos

Unos años más tarde, nuestra hija M ª Elena, decidió volver a la universidad, pero allí en Inglaterra, con el objeto de hacer un máster en Ingeniería de Fachadas en la Universidad de Bath. A su hijo Héctor, que, por aquel entonces tenía tres años, nos lo trajo para que viviera aquí con nosotros mientras ella estaba en la universidad.

Para nosotros fue una alegría enorme ya que el niño era un encanto. Yo lo llevaba todos los días al colegio aquí en Cedeira y pronto hizo un montón de amigos.

Elena le preparaba comidas muy variadas y nutritivas, y al niño le gustaba todo lo que comía. Sobre todo, regalar su paladar con algún dulce. Algunos días íbamos a la pescadería para comprar algún pescado y, a veces, Carmiña, la pescadera, le regalaba un puñadito de percebes. Se aficionó tanto a los percebes que aún hoy es el día que lo que más le gusta del mundo son los percebes.

En los dos años que estuvo aquí con nosotros, aprendió a pescar, a jugar al fútbol con los amigos del cole, a hablar castellano, que, aunque ya lo sabía, lo mejoró y, sobre todo, a pasarlo bien con los abuelos. También ya andaba en bici sin ruedines y sabía manejar el volante de un automóvil.

En esa época también hicimos un montón de casitas de madera para los pájaros. Las hacíamos con restos de tablas que venían en la leña que comprábamos para la chimenea. Medíamos y marcábamos las tablas y Héctor, con un serrucho de mano, las cortaba, después, algunas las atornillábamos, otras las clavábamos y, las que podíamos pegar, las pegábamos. Al final, las pintábamos de colores con restos de pinturas y, por último, sólo nos quedaba colgarlas de los árboles. Daba resultado, aunque no en todas, pero en primavera siempre había pajaritos en alguna de las casitas.

También construimos un gallinero de madera para las cuatro gallinas y el gallo que teníamos. Héctor llevaba los huevos que ponían las gallinas a la cocina de la abuela.

Recuerdo que, uno o dos años antes, en verano vino Héctor con sus padres de vacaciones, tenía el niño menos de tres añitos. El gallinero era solamente un pequeño cierre de rejilla pegada al muro y un trozo de plástico en el techo, con el fin de que, cuando llovía, no se mojaran las dos gallinas que teníamos. En una esquina, en el suelo, tenían unas tablas con un poco de paja y, encima, un pequeño cajón de madera, con una abertura, para que, si ponían algún huevo, lo pusieran dentro del cajón. Para coger los huevos se levantaba el cajón y, después, se volvía a poner en su sitio.

Nos dice la abuela:

—Héctor, vete al gallinero con el abuelo y, si hay algún huevo, traedlo que voy a hacer una tarta para el postre.

Allí fuimos los dos, levantamos el cajón y *voilá* había dos huevos en el nido. Le puse uno en cada mano y le dije «ten cuidado de que no te caigan, vamos a ir despacito hasta casa para dárselos a la abuela». Yo iba a su lado y, pasito a pasito, fuimos andando por la hierba hasta el porche de la casa, donde nos estaba esperando la abuela.

Al llegar, dije en voz alta:

—¡Mira lo que trae aquí el niño! ¡dos huevos!

Y Héctor abrió los brazos enseñándole a la abuela los huevos que traía en sus manos.

—¡Qué bien, Héctor!

Le dice la abuela, a la vez que se reía y le aplaudía, plas...plas...plas... y el niño se puso tan contento, que también aplaudió...

A los dos patos les hicimos un estanque con agua y una pequeña caseta.

Héctor también se encargaba de darle de comer a los dos perros, a Brus que era el pastor alemán y a Roky que era un beagle. Los perros siempre querían estar con nosotros, pero con Brus había que tener cuidado, si soltábamos a las gallinas, Brus tenía que quedar encerrado, ya que su instinto era atraparlas y, si había algún fallo, podíamos pasar a ser los vecinos con mayor tasa de mortandad de gallinas. Si soltábamos las gallinas, el Brus se tumbaba en el suelo y su mirada seguía impertérrita el movimiento de las gallinas, sin perderles un segundo de vista, a la espera del mejor momento para saltarle al cuello a alguna de ellas. Pero, tanto un perro como el otro, eran muy nobles e inteligentes.

También hacíamos caminatas por el monte, o bajábamos al mar. Fue una gran experiencia para Héctor y también para nosotros.

Recuerdo cuando estuvo aquí los dos años que pasó con nosotros. Un día le estaba contando el niño a la abuela, que ya habíamos hecho otra casita para los pajaritos, y le dice la abuela:

—Héctor, ahora que ya habéis hecho varias casas para los pájaros, piensa en otras cosas que podías hacer con el abuelo además de eso.

El niño se quedó un rato callado y la abuela le dice:

—¿Y si hacéis un columpio?

Héctor la miró a la cara y dice:

—¡Sí, sí, un columpio!

Y yo dije:

—Sí, puede ser, pero ¿y si en vez de un columpio hacemos una casita en un árbol para ti? Héctor, que tú te puedas meter dentro y jugar.

Le cambió el semblante de la cara, abrió los ojos y dijo:

—¡Sí! ¡una casita para mí!

Elena me dice:

—Pero ¿cómo vas a hacerle una casa en un árbol? ¿no ves que es muy pequeño y se puede caer?

—No, no pensaba en una rama de un árbol, sino debajo de un árbol, con unas patas largas para que el techo toque con las ramas del árbol y unas escaleritas con barandilla para llegar y subir.

—Pues entonces le puedes poner un tobogán, para que suba por las escaleras y se tire por el tobogán.

—No había pensado en eso, ¡pero es buena idea!

El niño, que escuchaba y no perdía detalle, dice:

—¡Sí! ¡con tobogán!

—Vamos a ver —les digo— el tobogán se puede hacer de tablas, pero puede resultar muy peligroso, ya que con el paso del tiempo la madera se agrieta, además se contrae y se dilata, y por muy bien que se lije, al estar a la intemperie, se deforma, y el niño puede clavarse una astilla de madera en la mano, en el brazo, o en una pierna. Es mejor comprar, ya hecho, un tobogán de fibra y, además, mejor comprar primero el tobogán y adaptar la casita al tobogán.

—Tienes razón —dice Elena— pues este sábado vamos los tres a comprar el tobogán.

—¡Qué bien! —dice Héctor.

No fue fácil comprar el tobogán, primero que era una cosa que no vendían en cualquier sitio. Fuimos a casas que vendían muebles de jardín y, cuando por fin encontramos un tobogán, lo que vimos era un tobogán con una plataforma y unas escaleritas, y te vendían el conjunto a un precio escandaloso.

Seguimos buscando y más de lo mismo. En el último sitio que visitamos nos dijeron lo mismo, que el tobogán no se vendía suelto. Entonces le pedí a la chica si podía hablar con el encargado y el encargado me dijo lo mismo:

—O todo o nada.

Entonces, le dije yo:

—Aunque me interesara comprar el conjunto, no se lo compraría, ya que, si por cualquier cosa se rompe el tobogán, no podré sustituirlo.

—Pero el tobogán es muy difícil que se rompa — me dice.

—No, donde yo pienso ponerlo es en el jardín que hay delante de la casa, que es donde damos la vuelta con el coche para volver a salir tanto nosotros como cualquier visita que tengamos. Puede ser que, al dar marcha atrás sin darse cuenta, pueda romper el tobogán y, en ese caso, no sólo tendría que tirar el tobogán, sino que también la plataforma, las escaleras, en fin, todo.

—Hombre, en ese caso le pediría sólo el tobogán.

—Pero eso es justo lo que yo quiero comprarle.

—Bueno déjeme ver lo que vale una cosa y otra.

Vino y nos dio el precio del tobogán solamente, que le acepté al momento con la única condición de que, con ese precio, nos lo llevaran a Cedeira, ya que no nos cabía en el coche. Me dijo que sí, pero que no podría llevarlo hasta el próximo jueves. Perfecto, le dije, y ya se lo dejamos pagado ahora mismo. Han pasado más de diez años y el tobogán sigue intacto, esto se debe a que mis hermanos y el resto de la familia son muy buenos conductores.

Cuando hicimos la casita, también conseguimos ponerle un columpio en uno de los laterales, además del tobogán.

En ese tiempo que estuvo Héctor aquí con nosotros yo ya estaba jubilado, pero Elena, que era más joven que yo, seguía trabajando en el Centro de Salud de Cariño (La Coruña).

Los dos años de estancia del niño aquí con nosotros pasaron muy rápido, pero ni Héctor ni nosotros lo olvidaremos jamás.

Al regresar Héctor a Londres, la vida aquí en Cedeira transcurría con normalidad, yo me encargaba de cortar la hierba, dar de comer a los animales (perros, gallinas y patos), hacer la comida para que cuando Elena regresara del trabajo pudiera comer, mantener la casa limpia, ordenada y solucionar alguna avería que pudiera presentarse. A veces, incluso Elena por la tarde preparaba la comida del día siguiente. Elena no paraba. Sólo descansaba un poco. Cuando le dieron las vacaciones, nos animamos a ir a verlos a Londres, aunque no era la primera vez que íbamos.

Éramos muy felices. Nuestro matrimonio fue feliz y dichoso, porque nuestro amor era a largo plazo. No sé definir la felicidad, me resulta muy difícil, porque eso es como ir al mar e intentar atrapar el agua con un cesto de mimbre, o intentar llegar hasta donde está el arco iris.

Hay un dicho en Galicia que dice: "No te acostumbres a la felicidad, porque se vende en frascos muy pequeños".

Todo iba bien, hasta que, poco antes de jubilarse, empezó a no encontrarse muy bien. Había días que tenía molestias, cansancio, y malestar en general. Yo le decía que se hiciera una revisión a fondo, pero Elena me dijo:

—Sí, ya me la voy a hacer. Ahora me falta menos de un mes para jubilarme y no voy a pedir una baja para hacerme un chequeo completo. Voy a solicitar que me hagan un TAC, para cuando ya esté jubilada, porque además no me lo iban a hacer antes.

»También ya hablé con mi médico, y ya me dio un volante para hacerme unos análisis aquí en el propio Centro de Salud y todo lo que me diga el médico de lo que debo hacer. Es que tampoco quiero terminar mi trabajo estando de baja por enfermedad, con el poco tiempo que me queda.

Así hizo, como ya tenía la vez pedida, al entrar en jubilación comenzaron las pruebas que le hicieron en el hospital.

Al cabo de unos días la llamaron para darle los resultados de las pruebas y yo la acompañé. Allí nos recibió una doctora que nos dio la peor de las noticias. Se le detectó una neoplasia inicialmente avanzada. Es decir, un cáncer incurable, y tan avanzado que era inoperable.

Fue tratada con quimioterapia y al principio fue bastante efectivo, incluso con una calidad de vida aceptable. Pero los dos últimos años de su vida fueron terribles, con un sufrimiento tremendo, ya que el cáncer aumentaba y los tratamientos de quimio ya no hacían el efecto deseado. Para ese tipo de cáncer que Elena tenía, no había tratamiento ninguno y, entonces, se probaba con otros tratamientos de otros tipos de cáncer, hasta que ya se vio que no le hacían nada positivo.

En ese momento ya no hubo otra solución que pasarla a cuidados paliativos con tratamientos enfocados a prevenir y aliviar el dolor.

Una tarde que estábamos los dos en nuestra habitación me dice:

—Yo creo que esto se acaba. Lo noto yo.

—No digas eso —le contesté— yo te veo bien y mientras vayas tirando... Fíjate cuántas veces te dijeron que ya no había nada que hacer, que ya no había tratamiento...

—Sí, pero todo eso me lo decían a mí, no lo decía yo. Ahora me doy cuenta de que, además del cáncer que tengo, todas estas pastillas que estoy tomando y sobre todo el Fentanilo, me están matando más rápido que el propio cáncer.

—Pero esto es lo que te recetó el médico de paliativos.

—Ya lo sé, pero me hacen un daño tremendo y tú a lo mejor no te das tanta cuenta como yo, pero día a día el deterioro es notable. Tú no lo ves, pero yo que estoy acostumbrada a ver a mis pacientes día a día, una de las cosas en que me fijaba y trataba de comparar, es ver como estaba esa persona cuando yo empecé a atenderla y verla después, cuándo ya habían pasado quince días o algunos meses, yo, para mis adentros pensaba, pues a pesar de todo va mejor, la mejoría no es mucha, pero lo veo mejor, o, todo lo contrario.

»Ahora me doy cuenta de que cada día que pasa, me falla algo más, o me cuesta más trabajo ponerme de pie o caminar ¿Te acuerdas? hace un año iba desde el salón al baño sin problemas, aunque me ayudaba de las paredes para no caerme. Sin embargo, ahora ya, si no me ayudas tú, no podría. Tampoco puedo estar tanto tiempo de pie.

Elena conocía la especial dificultad que procede de no poder realizar adecuadamente funciones tan elementales, como beber, ir al baño o, simplemente, dormir.

—Si lo sé, pero hay que tener paciencia y tratar de seguir adelante.

—Domingo, no nos engañemos, por dentro sé que estoy acabada y que en cualquier momento puede pasar que...

No la dejé terminar la frase, nos dimos un abrazo y unos besos, que sea lo que Dios quiera. Teníamos una manera de querernos suave y entregada.

—Tú te vas a quedar solo —me dijo.

—Ya me arreglaré. Además, imagínate que yo también puedo tener un accidente. Al ir al supermercado me puede atropellar un coche, o caerme un cascote en la cabeza. Sabes que en Cedeira hay bastantes casas viejas y ya tienen caído cosas a la calle, como tejas o cristales.

—Sí, todo eso es posible, pero no probable. Lo mío es irremediable.

—Pero no podemos estar pensando en eso. Si un día llega, tendrá que llegar, pero nosotros sólo en el día a día, no en el futuro.

—Pero yo quiero que sepas que en cualquier momento pasa y no quiero que te lleves un susto, porque sé que va a pasar pronto.

—Soy un privilegiado y un afortunado de haber pasado esta vida contigo.

—Y yo también.

—Elena, todos vamos a morir, en un momento o en otro, aquí no se queda nadie. A mí casi lo que más me preocupa sería saber si estás bien allá donde vayas. Te acuerdas cuando yo tenía que ir a trabajar a Madrid o a algún otro sitio lejos de casa. Tú me decías «llama al llegar» y, si no podía llamarte hasta más tarde, cuando te llamaba lo primero que me decías era «ya estaba yo preocupada». Me gustaría que, cuando estuvieras en el otro lado, me enviases una señal para indicarme que estás bien.

Me clavó una mirada fulminante y me dijo:

—¡Tú estás loco! ¡Pero qué dices! ¿Tú qué quieres, que te venga en plan fantasma y que te dé un susto de muerte haciéndote UUU... UUU...UUU...? yo no voy a hacer eso.

—No Elena, no se trata de eso. No sé cómo será el otro lado, pero si tienes alguna posibilidad de enviarme una señal, yo entenderé que estás bien y eso para mí sería un alivio tremendo. En realidad, lo que yo quiero, es que cuándo me muera, poder estar contigo, estés donde estés.

—Si yo tuviera la más mínima idea de lo que hay al otro lado, te diría, pues haz esto o lo otro..

—No sé si será posible que puedas hacer nada. A lo mejor no puedes, pero si pudieras, para mí sería fantástico. El hecho de saber que estás bien y tranquila, me sacaría un enorme peso de encima.

Nos volvimos a dar un abrazo y unos besos.

Pasaron unos días y nuestro hijo Javier nos llamó porque había llegado a Vigo y nos iba a venir a hacer una visita. ¡Qué alegría! Llegó y le dijo «mamá, te veo muy bien».

Estuvo aquí un par de días y estuvimos todos muy felices. Después, cuando se marchó, nos dijo que tenía que irse porque aún tenía que volver a Vigo, ir a la Universidad, hablar con Leandro y ya, después, regresar a Chile.

Se despidió de su madre y lo acompañé hasta el coche. Me dijo:

—A mamá la veo muy bien.

—Sí —le dije— hace unos días estuvo un poco depre y me decía que se moría. Ya remontó y ahora yo también la veo bien.

—Mientras vaya tirando.

—Es difícil —le dije— con tantas pastillas, tiene un sufrimiento tremendo, pero no hay otra solución ya que si no las toma no aguantaría el dolor.

—A ver si aguanta unos meses más, ya que yo tengo previsto venir en el verano, quizás, si puedo, incluso en el mes de junio.

Javier se fue y yo entré en casa.

—¿Sabes qué me dijo Javier? pues que va a venir un mes en el verano, para estar aquí con nosotros, incluso tal vez en junio. Y va a venir con tu nieto Alejandro.

—Sí, pero yo ya me despedí de él como si fuera la última vez que voy a verlo.

—No digas eso, no queda mucho para el verano.

—Estamos en abril y para mi queda mucho.

—Va a intentar venir en junio y queda poco. Tú ahora estás bien. ¿Te fijas que has mejorado?.

—Sí, me noto yo mejor.

—Pues eso es lo más importante.

Ese día lo pasó muy bien y la noche también. Al día siguiente estuvo normal, quizás un poquito más apagada y, por la noche, entre toma y toma de pastillas me dijo que estaba muy cansada.

A la una y media de la madrugada me dijo que no se encontraba bien.

—¿Qué te parece que podemos hacer? —le pregunté.

—Pues no lo sé.

—¿Y si me acerco a urgencias del Centro de Salud de Cedeira y trato de que el médico venga a verte?

—No, espera un poco a ver si me va pasando.

—De todas formas, voy a vestirme por si quieres que vaya un poco más tarde.

Sobre las tres y pico de la madrugada salí y me dirigí al Centro de Salud. Llevé la tarjeta sanitaria de Elena y le expliqué al médico lo que pasaba. Estuvo mirando su historial y vino a verla.

Después de comprobar tensión, temperatura etc., me dijo que él la veía muy mal, pero que en el Centro de Salud estaban preparados con todo lo necesario para atender un caso como este.

Le comenté que teníamos línea directa con la Unidad de Paliativos del Hospital, desde una hora muy temprana de la mañana y que hablaría con Elena para saber su opinión.

El médico me dejó un teléfono directo con él y me dijo que iba a poner en el ordenador todos los datos que había comprobado ahora de Elena y así, ellos desde el hospital, podían verlos y decidir lo que debíamos de hacer.

Hablé con Elena y le dije la verdad, que el médico no la veía nada bien y un poco más tarde llamamos al hospital. Se puso al teléfono la enfermera y me dijo que no colgara, que esperara un momento, que lo iba a comentar con el médico. Me dijo que había que trasladarla al hospital lo antes posible y que ya habían enviado una ambulancia, que ya iba camino de nuestra casa. Me dio el número de teléfono de la ambulancia para que le explicara bien la dirección.

Llamé a la ambulancia y me dijo que ya sabía de sobra la dirección porque había ido varias veces con Elena como enfermera y pacientes del Centro de Salud de Cariño al hospital de Ferrol. Ábreme el portal que ya estoy llegando.

Llamé a mi hijo para ver si aún no había salido en el avión y me dijo que se estaba preparando para ir al aeropuerto.

—Ven. Vete directo al hospital. Cuando yo llegue allí te envío por teléfono los datos del sitio donde la ingresan.

No se podía creer que estuviera tan grave, después de haberla visto bien.

Llamé también a mi hija Elena a Londres para que viajara en el primer vuelo que pudiera.

La metieron en una habitación y el médico me dijo que lo primero que quería hacer, antes de nada, es hacerle una radiografía para ver cómo está eso por dentro y poder tomar decisiones.

Me pareció muy bien. Le pusieron unas vías y le empezaron a pasar medicación. Estuve hablando con ella y después llegó nuestro hijo y estuvimos hablando los tres. Estaba muy lúcida e incluso animada.

Vino una auxiliar a tomarle declaración de que, si había que tomar alguna decisión, quien o quienes deberían dar el consentimiento.

Elena le dijo:

—Para cualquier decisión, es mi marido quien decide.

Y la auxiliar le dice:

—Bueno como ahora está aquí su marido y también su hijo, vamos a poner por consenso.

Elena giró un poco la cabeza y mirándole a los ojos con una voz un poco subida de tono le dice:

—Pero vamos a ver ¿tú que vas a poner? ¿lo que a ti te da la gana o lo que yo te diga?, porque si vas a poner lo que tú quieras, para que vienes a preguntarme. Te estoy diciendo que mi marido, y te lo repito, es mi marido el que quiero que tome cualquier decisión que se tenga que tomar. Y punto.

Al oír esto, a mí por poco me saltan las lágrimas, al ver la responsabilidad enorme que me estaba dando y sobre todo al ver la confianza tan grande que tenía en mí. Estaba poniendo su vida en mis manos. Nunca podré olvidar esto. Era la máxima demostración de lo mucho que me quería.

Elena sabía perfectamente donde estaba. Era la habitación de críticos y delante justo del control de enfermería.

La radiografía tardaron mucho en hacérsela, es que el sistema había cambiado. Antes cada paciente de cualquier planta se llevaba a la sala de radiografía y después volvía a su planta y a su habitación. Ahora el sistema había mejorado, tenían una máquina portátil y no desplazaban al paciente de planta, es la máquina la que iba a cada planta, donde, había una sala especialmente protegida para hacer las radiografías. Pero en este caso la máquina estaba en la última planta del edificio y Elena en la primera planta y hasta que la máquina llegó, no hubo más remedio que esperar.

Una vez realizada la radiografía, también hubo que esperar a que el radiólogo informara. No recuerdo bien la hora exacta, pero serían sobre las doce del mediodía, cuando les avisaron que ya podían saber los resultados.

Allí fue el médico y la enfermera. No tardaron demasiado, el médico me llamó para que saliera de la habitación y me dijo:

—No hay absolutamente nada que podamos hacer, tiene para poco.

La enfermera estaba también allí, mirándonos a cierta distancia.

—Para poco ¿cuánto es ese poco? ¿tres o cuatro días?

Abrió los ojos y subiendo así los hombros me dijo:

—NO, es cuestión de tres o cuatro minutos... o tres o cuatro horas si es un milagro. Voy a ordenar que la seden, si a Ud. le parece bien.

—¿No hay otra solución?

—Desgraciadamente no la hay y lo más sensato es la sedación para evitarle el sufrimiento, es lo que haría yo si fuese un familiar mío.

—Pues entonces proceda a actuar según su criterio.

Se marchó. Se me acercó la enfermera y me dijo, «lo siento mucho, nosotras no solíamos ir a ver las radiografías y menos a estar presentes en el informe del radiólogo, pero este doctor es nuevo y cuando el radiólogo avisó de que estaba listo, me llamó y me dijo:

—Ven que vamos a ver la radiografía y el informe del radiólogo.

—Pero doctor, nosotras no solemos ir a ver las radiografías.

—Pero ¿cómo? eso no puede ser, vosotras lo mismo que yo, tenéis que estar informadas de lo que tiene cada paciente. Vamos.»

Siguió contándome:

—Cuando llegamos, el radiólogo nos preguntó «¿la paciente está fallecida?» «que yo sepa no», le dice el médico, «salvo que falleciera mientras veníamos hacia aquí». «Mira esto —le dice el radiólogo— tiene todos los órganos y tejidos de esta zona deshechos. Esto es incompatible con la vida. Yo no me lo explico» «y yo tampoco le encuentro una explicación» asevera el médico. «Pues esta radiografía conviene guardarla para su estudio, yo no he visto nada igual en toda mi vida como radiólogo» «Ni yo» dice el médico.

La enfermera me comenta:

—Es como si la rueda de un tren, que viniera por el aire, le cayera encima del vientre y la aplastara completamente. Tiene todo hecho trizas, está todo triturado. Yo en toda mi vida vi nada igual. A la vez que oía hablar a los médicos, no le saqué el ojo a la radiografía. Es terrible. Ahora lo importante es que Elena no sufra nada. Es muy valiente, qué entereza tiene, nosotras las enfermeras no somos tontas,

Elena sabe perfectamente donde está, igual que lo sabría yo sí me metieran ahí, en críticos. Entra y avísame de cualquier cosa que necesite, sobre todo si ves que se queja, dímelo. Hay que darle toda la ayuda que podamos. Voy a tratarla igual que quisiera yo que me tratasen a mí si estuviera en su lugar.

—Muchas gracias, le contesté.

Enseguida la sedaron y parecía tranquila. A las tres de la tarde, volvió la enfermera a la habitación, para decirme que ya había informado de lo de Elena a su compañera del turno de tarde.

Estuvo mirando a Elena y comprobando que todo funcionara bien. Nos dijo «ya sabéis, ante cualquier cosa, avisáis.» Después se dirigió a mí y me dijo: «ya he terminado mi turno, si quieres ahora, tengo un ratito y podemos hablar». «Sí —le dije— ya salgo».

Yo estaba totalmente abatido. Creo que ella se dio cuenta de mi situación. Debió de verme desencajado y con la mirada perdida. Sabía que estaba a punto de perder a Elena y ese fue el peor momento de mi vida.

—Estoy conmocionada con lo de Elena —me dijo— lo siento muchísimo.

Comenzamos a pasear por el pasillo. Me empezó a hablar con una voz tan cálida y unas palabras tan bonitas, que por un momento perdí la noción del tiempo. Es curioso, pero no recuerdo nada de lo que me dijo, pero cada palabra suya, me fue fascinando de tal manera que me fui encontrando cada vez mejor. La dulzura de su voz me daba una paz enorme al escucharla. Cuando me dejó a la puerta de la habitación, estaba totalmente cambiado.

—Gracias por tus palabras —le dije, a la vez que miraba el reloj y le comenté— pero si son más de las cuatro de la tarde y ya tenías que estar en tu casa.

No me dejó terminar.

—No importa, mi casa puede esperar, pero vi que tú necesitabas de mi apoyo en este momento y no podía irme sin darte un poco de consuelo.

—Muchas gracias le dije, eres una buena enfermera y mejor persona.

Cuando entré en la habitación, comprobé que Elena seguía dormida igual que antes. Le comenté a mi hijo Javier, lo bien que me había hecho el hablar con la enfermera. Todo lo que me dijo, me tranquilizó mucho.

Por la mañana, les había pedido, que avisaran a un sacerdote, con el fin de administrarle la extremaunción. Un poco más tarde, me comunicaron que no se encontraba en el hospital porque estaba en un oficio religioso en otro lugar, pero que ya le habían pasado el aviso.

El resto de la tarde siguió dormida y respirando plácidamente, hasta que, sobre las ocho de la tarde, empezó a respirar con dificultad. Salí y avisé rápidamente a la enfermera de tarde, diciéndole en voz baja «algo pasa, creo que se puede estar muriendo». La enfermera en voz alta dice, por favor señor cura, pase a la habitación. Entró y le administró la extremaunción.

Después entró la enfermera y comprobó que había fallecido. Nos dijo que iba a avisar a la doctora, para que, cuando pudiera, viniera para comprobar el fallecimiento y realizar el certificado de defunción.

La doctora estaba ocupada con los pacientes vivos, que tenían más prisa que Elena. Después de la doctora llegaron los de la funeraria, que nos dijeron que la iban a bajar al depósito y mañana a las nueve de la mañana estarían en el tanatorio de Cedeira.

Sobre las once de la noche, fue cuando regresamos Javier y yo a nuestra casa de Cedeira.

Falleció el día 27 de abril de 2022 a las 8,45 de la tarde y posteriormente, fue enterrada en el cementerio de Piñeiro, Cedeira.

Unos días más tarde, me acordé de la enfermera que estaba en el turno de mañana del hospital, cuando Elena falleció, y decidí llevarle una cajita de bombones. Esto era como señal de agradecimiento, por lo bien que se había portado con Elena y también conmigo, cuando se quedó después de su jornada de trabajo para consolarme con sus palabras.

Llegué al hospital, pregunté por ella en el control de enfermería, pero me dijeron que no estaba, porque ese día libraba y me preguntaron si necesitaba alguna cosa, que ellas me pudieran solucionar.

—No —les dije— es que le traía esta cajita de bombones, por lo bien que se portó con nosotros, pero bueno, os la dejo aquí para todas vosotras.

—No, no es necesario —me decían.

Pero yo sé que un bomboncito, no le sienta mal a nadie y allí se quedó.

Desde aquí quisiera dedicarle unas palabras de agradecimiento sincero. Se me olvidó su nombre, pero, si ella lee esto, sabe que es para ella y para todas aquellas enfermeras que siempre están ahí para los seres queridos de las personas que se tienen que ir. Está en mi recuerdo y lo estará el resto de mi vida. Muchas gracias.

De paso también, como viví toda mi vida con una enfermera, quisiera decir que las enfermeras son personas muy especiales y no están suficientemente valoradas. Son extraordinarias y desempeñan un papel importantísimo en la vida de los pacientes. Algún día a alguien, a ver si se le ocurre haceros el homenaje que tanto os merecéis.

Desde aquí quiero decirles a todas las enfermeras, que sois geniales y que todos deberíamos de admiraros. Muchísimas gracias a todas vosotras.

# CAPÍTULO 12

# TODOS ESTAMOS CONECTADOS

Como os decía en páginas anteriores, el amor no se olvida. El amor está dentro del conocimiento y el hecho de pasar al otro lado, no detiene el amor.

Elena me decía:

—Aquí todos estamos conectados y ahí también estáis todos conectados. Aquí nadie se explica, por qué no utilizáis la telepatía para comunicaros y ser mejores personas, ya que forma parte de vuestro ser. Podéis hacerlo si queréis.

»Tú puedes ponerte en contacto directo con cualquier persona, aunque esté en el otro extremo del planeta y dentro de una cueva. Tú y cualquiera. Ya te digo que no sé el motivo por que no se hace. Aquí, a los que pregunté, me dicen que no se explican por qué no se hace esta comunicación telepática, que va implícita dentro del conocimiento y nosotros, al llegar aquí, la utilizamos para comunicarnos, pero ya la traemos de ese lado.

»Aquí no podemos comunicarnos oralmente, porque nuestro cuerpo físico quedó en ese lado y al llegar aquí, instantáneamente nos comunicamos telepáticamente, tal y como yo estoy haciendo en este momento contigo. Pero eso ya lo traemos de ese lado, ya que viene con el conocimiento.

»También a mí me resulta curioso —me sigue comentando Elena— porque tú, en el momento que estás pensando lo que vas a decirme, ya me lo estas trasmitiendo a mí, antes de que note tu voz. Y casi prefiero que sólo pienses y no me hables, porque así lo entiendo más rápido y mejor.

A partir de ese momento, mi comunicación sólo la hacía con el pensamiento. Elena me decía «mucho mejor» y hasta me parece que a mí también se me fue un poco la tensión que tenía.

—Ya ves que no necesitas hablar, solo pensar lo que quieres decirme. Eso es otra prueba más de que funciona, pero no se utiliza. Sería muy importante que se utilizara, ya que se evitarían muchos conflictos al comunicar vuestros pensamientos a los demás y ellos a vosotros, de forma instantánea y continuada. Y, además, se puede uno comunicar con varias personas al mismo tiempo. Incluso ahora, estoy sintiendo que estás pensando en varias cosas.

Y me estas preguntando ¿cómo me fue el paso de ahí hasta aquí?

»Cuando yo llegué a este otro lado, me recibieron muy bien. Les pedí permiso para volver y despedirme de ti y de Javier que estaba allí contigo, que, por cierto, estabais los dos bastante tristes. Me dieron permiso, pero no me permitieron ponerme en contacto con vosotros. Estuve allí en la habitación, hasta que os mandaron que os fuerais a casa.

»En algún momento estuve muy pegadita a ti, porque trataba de consolarte. Llegué incluso a pensar en pedirles que te dejaran venir conmigo, pero a pesar de no decir nada, ya me contestaron al momento, diciéndome que eso no era posible, que tú tenías aún que estar ahí, ya que tu tiempo no había concluido.

La comunicación con Elena me resultaba ahora mucho más fluida, sobre todo cuando eran palabras cortas, el sí o el no, eran instantáneos. También había pausas a veces, pero más trabajo nos costó al principio, para empezar a comunicarse conmigo tardó unos veinte minutos o algo más.

Estuvimos comunicados durante tres días, pero solamente desde las ocho de la tarde hasta las doce de la noche. Exceptuando el último día, tanto el primer día como el segundo día, no sé lo que pasó, pero cuando iban a ser las doce de la noche, o me desmayaba o me dormía. No lo sé. Me quedaba frito. Yo sabía la hora que era en todo momento, porque tenía un despertador delante de mí.

El caso es que, durante esas cuatro horas, el agotamiento que tenía era tal, que me costaba mucho preguntar y era tremenda también la tensión que me producía cuando me entraba en el cerebro, lo que me comunicaba. No pasaba a través del oído, me entraba directamente en la cabeza.

Mejoró mucho nuestra forma de comunicarnos, cuando le hice caso y, en vez de hablar, sólo pensaba lo que iba a decirle y ya me contestaba. Ahora me daba cuenta que, de esta forma, no me causaba tanto agotamiento y no me producía tanta presión en la cabeza, o por lo menos me parecía a mí. Pero claro, esta forma de comunicación la hicimos el último día, y sólo parte del último día, ya que no nos dimos cuenta antes.

Tampoco para rezar hace falta que uno rece en voz alta.

Estoy plenamente convencido de que Elena perdió parte de su energía al ponerse en contacto conmigo. Ella no me lo dijo, ni yo se lo pregunté, pero yo lo notaba. Creo que sacrificó parte de su energía para tratar de salvarme a mí.

La verdad, no entendía la complejidad de nuestra existencia, pero ahora ya me empieza a resultar meridianamente clara.

Cuando sucedió todo esto no se lo dije a nadie y pensaba no contarlo nunca, pero lo tenía presente en la cabeza todos los días y a todas horas, y no podía dejar de pensar en todo lo que me había dicho Elena.

Después de recapacitar unos días, se lo conté a mi amigo José Manuel Quintana y también a otra persona. José Manuel me dijo «tiene lógica lo que me estás contando, Jesús dijo: la casa de mi padre tiene muchas estancias».

Más tarde, lo comenté con alguno de mis hermanos y alguna persona más y fue entonces cuando me hice una pregunta «Esto que me dijo Elena, en realidad, ¿lo hizo para que yo pudiera, haciendo el bien, conseguir energía y salvarme?»

Mi hermano Miguel, me dice «lo de la energía, yo lo veo interesante, porque ya sabes: la energía ni se crea ni se destruye, sólo se transforma».

Entonces, si yo todo esto lo plasmo en un libro, a lo mejor consigo que alguna persona que lo lea también pueda hacer el bien y salvarse. Con lo cual, yo habría contribuido a hacer un mundo mejor. Claro que esto es una forma de pensar un poco egoísta por mi parte, pero es egoísmo haciendo el bien, al tratar de ayudar a los demás.

Después sería José Luis Roca, quien, junto a Olga su esposa, me recibió en su casa de Madrid y en la sobremesa, al contarles mis conversaciones con Elena desde el más allá, me dijo José Luis, que eso era demasiado importante y no debía de guardarlo para mí mismo «Eso hay que plasmarlo en un libro» me dijo «porque deben conocerlo otras personas, ya que no sólo puede servirles de ayuda, sino que, a la vez, servirá para hacer un mundo mejor, que buena falta hace».

En realidad, me conformaría, que una de cada diez personas que lean este libro, se sientan motivadas y enfoquen un poco más su vida a ser mejores personas, sobre todo en los pequeños detalles, ya que, con ese gesto, conseguirán energía para llevarse al otro lado.

Ese sería el objetivo número uno de publicar este libro y, con eso, ya habrá valido la pena. Además, yo os pediría, que, si os gustó el libro, en vez de guardarlo en un rincón de la casa, se lo prestéis, para que lo lea, a un amigo o a alguien que a vosotros os parezca bien.

El hecho de haber comentado un poco la vida de Elena es que fue una persona maravillosa, y quería hacer ver a los demás lo sencilla, y trabajadora incansable que era y que siempre se trataba de superar.

Es un verdadero reto escribir sobre una persona que ya no está.

Elena, además de una gran profesional, era una persona muy humana, y tenía una forma de ser muy especial, por eso todo el mundo la quería.

Es curioso, porque en ningún momento me dijo que había fallecido. Me decía «cuando yo estaba ahí» o «cuando me trajeron a este otro lado». Ella nunca consideró que estaba fallecida, sino que está en otro lugar y que le permitieron llevar el alma y el conocimiento.

El alma y el espíritu es lo mismo y el conocimiento y la conciencia son lo mismo, esto me lo aclaró Elena, para que no me confundiera.

El final de un viaje se convierte en el inicio de otro, no es muerte, es una transición. Lo que nosotros llamamos muerte, no es tal, es la puerta hacia una nueva realidad. Y también me dijo que hay que prepararse haciendo el bien y no descuidar nuestra Fe en Dios, para así conseguir la energía que nos hará falta en el otro lado.

Rezar nunca es inútil, si se reza por alguien que ha fallecido, lo que estás haciendo es regalarle energía y conforta al que reza, además de agradar a Dios.

En cambio, el odiar es un desperdicio de energía tremendo e inútil, que únicamente nos traerá problemas.

Por eso, creo que este pequeño libro puede ser útil para que, el que tenga Fe, se reafirme en su Fe, y el que no la tenga, pueda pensar en tenerla.

Mantén la convivencia entre tu cuerpo y tu alma, para que ambas estén en sintonía, y así serás más feliz. Haciendo el bien a todo el mundo es como se consigue mantener esa sintonía. Si haces eso, tu cuerpo se sentirá satisfecho de hacer el bien y tu alma estará exultante de energía y muy satisfecha, con lo cual, cuerpo y alma se encontrarán satisfechos y en sintonía. Todas estas cosas no las digo yo, me las dijo Elena a mí.

Lo importante no es vivir en sí, sino vivir correctamente.

Aquí en este mundo, todos somos hermanos y estamos en el mismo barco. Por eso mismo tenemos que ayudarnos unos a otros, para conseguir un mundo mejor y así lograr que todos mejoremos de una forma justa, sin que haya gente que oprima a otras personas.

Nuestros antepasados, nos han allanado el camino. Hay que ver, cuantos sacrificios y penalidades han pasado, muchos intentando dejarnos un mundo mejor, a pesar de que siempre hubo unos pocos, esclavizando y maltratando a los demás, porqué sólo pensaban en sí mismos.

No seas de esa gente sin escrúpulos, que por mucho que consigan aquí, no tendrán un futuro mañana.

Todo esto que os digo aquí en este pequeño libro fue real, pero completamente real. Ojalá os sirva de algo.

Como ya os comenté antes, una de las frases que más me impactó, fue la que me dijo el primer día, después de hablarme de los cementerios, que me dijo que eso estaba bien como estaba. Fue cuando me dijo la frase de: «Aquí no hay nada, pero absolutamente nada, sólo hay ENERGÍA».

Allí la energía, lo es todo, es lo más importante. Entonces llévate energía a la otra vida, consiguiéndola aquí.

Elena nació el 22 de junio de 1952. Yo la conocí en julio de 1968. Nos casamos en diciembre de 1972 y falleció el 27 de abril de 2022. En diciembre del mismo año que falleció, habríamos cumplido los cincuenta años de casados. Desde que yo la conocí, habían transcurrido cincuenta y tres años.

Elena siempre fue el motor de mi vida. Ella y yo éramos uno sólo, seguimos siendo uno y espero que sigamos siendo uno por toda la eternidad.

Elena fue muy feliz en su infancia, adoraba a su padre y con su madre estaba muy a gusto. Con sus dos hermanos, como eran mucho mayores que ella, se sentía protegida. Era muy alegre y optimista, aprendía cualquier cosa con mucha rapidez y ponía mucho empeño en comprender cualquier cosa que tuviera un cierto interés para ella y trataba de superarse constantemente.

Me sorprendió un día en Francia, hablando francés. Me había dicho que apenas sabía hablarlo, que sólo sabía lo que había aprendido en el bachillerato y me dejó con la boca abierta, al ver que se entendía perfectamente con la gente.

También le gustaba mucho leer. Durante su vida leyó muchísimos libros, sobre todo libros históricos. También leyó la Biblia varias veces, la tenía en su mesilla de noche y era raro el día que no leyera algún pasaje de la Biblia.

Los libros de cocina le encantaban y, si había alguna receta que le llamara la atención, enseguida la hacía, para comprobar el sabor, la textura etc. Generalmente le salían bien todas las recetas que ponía en práctica. Hizo que la casa oliera a hogar.

Nuestra vida fue muy activa, con mucho trabajo, pero siempre buscábamos tener un momento para nosotros y, por lo menos, nos mirábamos a los ojos y nos dábamos un abrazo. Nos comunicábamos en silencio y eso nos mantenía felices a los dos.

Elena tenía un gran corazón y un alma limpia y transparente. Teníamos una conexión muy especial y fue un gran regalo para mi existencia.

Para mi sigue navegando conmigo, para siempre. Uno sabe cuándo es feliz, pero la felicidad pasada se percibe con mayor claridad, cuando el ser querido desaparece.

Lo que más me gustaría que pasara, después de leer este libro, es que cada uno de vosotros, vea que tiene la oportunidad de cambiar y mejorar su vida. El mundo lo que necesita es ética. Con un poco de esfuerzo, tratar aquí de hacer el bien, para conseguir un huequecito en ese otro sitio, al que, más pronto que tarde, todos iremos a parar.

Si alguien precisa de vuestra ayuda, no lo abandonéis a su suerte.

Y recordad, tal vez hoy llueva, pero mañana brillará el sol.